U0735133

二十世纪名人自述系列

柳诒徵自述

柳诒徵 著

文明国 编

时代出版传媒股份有限公司

安徽文艺出版社

图书在版编目（CIP）数据

柳诒徵自述 / 柳诒徵著；文明国编 . – 合肥：安徽文艺
出版社，2013.10

（二十世纪名人自述系列）

ISBN 978-7-5396-4536-0

Ⅰ . ①柳… Ⅱ . ①柳… ②文… Ⅲ . ①柳诒徵（1880～1956）
自传 Ⅳ . ①K825.4

中国版本图书馆 CIP 数据核字 (2013) 第 091757 号

出 版 人：朱寒冬　　　　　　责任编辑：张　磊
特约编辑：韩美玲　　　　　　封面设计：汪要军　闻　艺

出版发行：时代出版传媒股份有限公司　www.press-mart.com
　　　　　安徽文艺出版社　www.awpub.com
地　　址：合肥市翡翠路1118号　邮政编码：230071
营 销 部：(0551)63533889
印　　制：北京鑫瑞兴印刷有限公司

开本：710×1000　1/16　　印张：12.5　　字数：230千字
版次：2014年1月第1版　　2014年1月第1次印刷
定价：25.00元

（如发现印装质量问题，影响阅读，请与出版社联系调换）
版权所有，侵权必究

目 录

第一编　自传与回忆

第二编　学术次第与主张

柳诒徵

第 一 编

自传与回忆

自

述

自 传

一八八〇年二月五日（清光绪五年十二月二十五日）生于
江苏省丹徒县（今镇江市）城内第一楼街鲍宅内一小屋中。父
亲柳泉教学生，每月收入止五千铜钱。母亲带着我七岁的姊姊
抚养我，一切炊爨浣洗都是一个人做。

一八八五年父亲病故，母亲带着我们两个小孩，跟着外祖
家苦度。当时亲族及慈善机关每月给我们母子银元二元，铜钱
二千做生活费。母亲每月送二元与外祖算房饭钱，剩两千铜钱
添补衣履，略充零用。不足则做针线售钱，亦不过月得数百文
至千余耳。自是至一八九六年皆恃津贴生活，至诒徵考取县学
生员，教授学生，每年有四十银元，及书院膏火多寡不等，母
亲始辞去各项津贴，自行起火。但念念感谢亲族赒济及社会慈
善机关，属诒徵稍有余资，必须将此十数年津贴之款归还。至
一九一八年十二月诒徵依母亲遗命，分别送还镇江之完节堂、
恤嫠会、儒嫠会百元至数百元不等。同族之资助者，亦约计其
数，助其子弟之学费。

一九〇〇年变法兴学，南京开编译书局，诒徵以陈善余先生的介绍，至局中编教科书，月薪四十元。一九〇二年随江阴缪艺凤先生至日本，考察教育数月。归国后仍在书局编书，次第与友人创办南京思益小学、江南中等商业学堂及镇江大港小学。办商业学堂时，月薪八十两，遂辞编译局事。后又兼江南高等学堂、两江优级师范教习，月薪一百二十两。在书局及各校所编之书有《历代史略》、《中国教育史》、《中国商业史》、《商业道德》、《伦理口义》等。

一九一一年任镇江县临时县议会副议长及镇江中学校长。议革农民纳粮半费事，与当时县长龃龉，剔除学校庶务会计私弊，与校中职员相左；至夏间遂辞职，赋闲。翌年，至北京任明德大学斋务主任兼历史教员，稽查学生宿舍，晨夜往返，时有不周，遂辞斋务之职。

一九一五年任南京高等师范国文历史教员，兼河海工程学校教员。翌年，辞河海，专任高师事。嗣高师改大学，任历史教授，与同事诸教授创办《学衡》及《史地学报》杂志，提倡学生研究，反对教育界贪墨。至一九二四年遂为拥护贪墨者所排斥，赴辽宁，任东北大学教授，郭松林事起南回。翌年，任北京女子大学教授，兼北京高等师范历史课程。自任南高师迄北京各校中间编著《中国文化史》、《东亚各国史》及《中国经济史》、《中国财政史》、《印度史》等。

一九二七年任第四中山大学筹备委员，厉行学区制。夏间，专任国学图书馆馆长，先后达十年。一九三七年倭寇侵华，寄善本于安全地带，运丛书、方志等三万本至兴化。翌年，辗转至江西泰和，在浙江大学讲学，猝然中风，幸治疗痊愈，遂由湖南、广西，至香港，道上海，再返兴化，避警住竹泓港。

一九四二年又赴沪，经浙、赣、粤、桂、黔至重庆。顾孟余聘任中央大学历史研究导师，遂住柏溪分校，撰《国史要义》，间赴大学讲演；及出席教育部学术评议会，嗣被聘为部聘教授。

一九四五年秋自重庆返南京，复任国学图书馆馆长。时书籍、器物荡然无一存。房屋亦为学校借用。各方接洽，努力访求，矢死力争，幸将馆书收回十九万册，房屋器具收回十之七八。一九四八年秋，以年届七旬，申请退休。至翌年春始获批准，遂赴沪暂住，迎接全国的解放。一九四九年九月上海市市长陈毅聘任为上海市文物管理委员会委员，幸获学习马列主义理论，矢志努力工作，第以所学陈旧，目眊体衰，每自省察，愧负滋甚。

一九五一年于上海

第一编 自传与回忆

我的自述

——

要晓得我的历史，必须明了我家族的遗传，师友的熏习。我家高祖春林公讳棽，是讲理学的，著有《性理汇解附参》一书，我曾经将原稿影印。不讲他的学说，单看他的书法，也可见得他气象的醇和、修养的深厚了。我有一族祖宾叔公，是我父亲的业师，他的年龄八十六岁，我生的第二年，他才去世。他是专门讲经学的，所著《谷梁大义述》，经王先谦刊在《续经解》中。我虽在襁褓之中，不能晓得他的言论风采，但我听我外祖、我母亲以及家里的人讲起他那种古道，真是一个醇儒。他的兄弟翼南公，也讲经学，著有《说文引经考异》，也有刻本。另外著的《尚书解诂》及骈散文，我曾得其手稿，印在图书馆年刊内，并抽印单行本。他的书法，尤为古雅。和宾叔公两人均在《清史·儒林传》内。我自幼就想学春林、宾叔、翼南三公的学问品行。

二

我母亲鲍氏，是镇江世族，最著名的有海门公讳皋、论山公讳之钟、野云公讳文逵，都有诗集行世。我外祖仲铭公讳上宗，是海门公的次子笙山公讳之镛的孙子，凌秋公讳迥的次子。笙山公也能诗能画。凌秋公是讲理学而能办事的，以举人代盐商出官管事。我外祖得他的示范，也是讲究品格，能处理事务。太平天国的时候，外家避兵居东台，穷苦已极。清同治年间，准许乡试的秀才贩运本地的货物到南京售卖，不收捐税，以示优待士子，帮助考费。那时东台的秀才，个个人都贩盐到东台去卖，许多船户兜揽我外祖及伯舅潘卿公讳心诠两个秀才，坐他们的船，带盐到南京去卖。我外祖一概拒绝，说明他的父亲是盐商的管事，只承认盐商按照引地售盐，还要重惩贩私盐的，他如何可以不按引地贩私盐（当时东台的盐，不能运到南京），虽然没有考费，断断不能做这件事。后来许多人传说东台的秀才不贩私盐的只有三家：一是丁绍周家，二是王正济家，三是鲍家。丁是京官，王是巨商，惟鲍最穷，就叫作富贵穷三家。这件事传到镇江知府钱某知道，就聘请我外祖到镇江办善举。我外祖秉公处事，剔除私弊，清理公产。据说他接办普仁堂善举的时候，所有地产房租，只有三个经折，他处理了十几年，到年老告退，交与后人的地产房租经折，有八十几个。

我外祖酒量极好，每晚饮酒，和我母亲及两个舅舅谈话，总是叙述海门、论山、野云诸公，及凌秋公的诗文道德，以及地方许多名人的掌故。我自幼坐在外祖旁边听他谈话，就得到不少的知识，一心只想做一个人才，不愧我柳、鲍二家的先德。

三

我自幼从母亲读四书、五经、《孝经》、《尔雅》、《周礼》，以及古文、《古诗源》、唐诗。天天要背诵。自七岁至十五六岁，逐日念生书、背熟书，止有腊月廿日以后，正月半前放学，可以自由看书、抄书、游戏。其余读书之日，自天明起即背书，各书背不完，不能吃早粥。我的书读得越多，越念不熟，背书的时间越长。直到我十五岁大病之后，我母亲怕我夭亡，读书的课程才减轻了。彼时我虽读了许多书，也不知道如何讲解，更不知道如何讲求经学；偶然看看《纲鉴易知录》或《四库简明目录》，也不知如何讲求史学及目录学。但我听见本地有许多人家有什么书，我就要想法借来看或抄；所以自十六七岁起，向镇江各家借抄《御纂七经》中的三《礼》一部书，过录惠定宇、张皋文批的《汉书》等，也都是莫名其妙。我父亲的学生陈善余（庆年）听见我很好学，时常找我去谈论。我就从他得到许多讲学问的门径。陈氏的朋友赵申甫先生（勋禾）也赏识我，常和我谈镇江的掌故，以及清朝许多学者的故事。我在廿岁前后，最得此二先生之力。到了廿三岁，陈善余介绍我到南京编译书局，受业于江阴缪艺风先生门下，我就由此常在外乡，在镇江的时候很少。几十年间见到清季及民国许多硕学名人。自己虽然根柢浅薄，也随时跟着若干人前进。陈善余最深于史学，劝我不要专攻词章，因此我也就不大很做诗和骈文。陈的志愿是讲学不做官，我也就只愿讲学不做官。在译书局和常熟宗受于（嘉禄）同事，听他常讲桐城老辈讲学问文章的方法，也就渐窥散文的门径。那时译书局在南京中正街（今白下路）祁门会馆，和义宁陈伯严先生（三立）对门，时常亲炙，粗闻其诗古文绪论。陈戚通州范肯堂先生（当世）常游金陵，寓居陈家，我也常请教他。同时通州名人张季直先生（謇）做文正书院山长时，我应过一回考试，他就赏识我。后来他因有人请他做一部书的序，他托缪先生找一个人代做，缪先生叫我代做，他看了也称很好，所以我常去拜见他。及至办商业学堂，张先生担任过一次监督，更和我是宾主了，张先生办南通学堂，要请我到通州教书，范先生也力劝我，我因在缪先生门下，待我极好，我不忍离开缪先生，婉言辞却。但因到通州之便，与江易园先生（谦）相晤，江先生告我以"三不敷衍"宗旨：一不敷衍自己，二不敷衍古人，三不敷衍今人，我为之极端倾倒。后来江先生任高等师范学校校长，请我教国文。我更常听到江先生许多名论，可惜他因病辞职，在校时间不久，否则他的人格感化，造成南高学风，真是了不得的。

四

张之洞署理两江总督，奏派缪先生到日本考察教育，缪先生带了六七个随员，我也跟着去。到了日本，在东京高等师范听了许多日本的教授讲演教育原理、教育学、教授法、管理法，因此知道世界各国教育状况及许多教育家的理论。参观日本各学校，也看出他们办教育的精神。

回国之后，遂和陶宾南（逊）、陈宜甫（义）等创办思益小学。缪筱珊、陈伯严两先生极力赞助。张季直先生从南通寄信来，称为中国第一文明事业。但我因宗受于约我办商业学堂，也不能专心办小学。在商业学堂的时候，有许多在日本学商科回国的教师，分担各科。因为他们在日本时都学的日本的书，要在中国讲商业，就得讲中国商业史和中国的商业道德，许多人都逊谢不敏，我虽然没有学过商科，我很想在中国书中，可以找到许多材料。就自报奋勇，担任这两个科目。同时缪先生约我到高等学堂教国文、伦理、历史三科，我就辞掉编译局的职务，专心担任两个学堂的功课。

高等学堂的功课，不要编讲义，历史是用的我在编译局编的《历代史略》，惟有伦理是每星期发一篇口义，要先做好稿子，送与缪先生看，缪先生许可，发与活字匠排好，方发给学生。我就参合《宋元学案》、《明儒学案》内许多学说，以及当时译的书里有各国人物嘉言懿行，分类立题，编授学者。同时在高等学堂书楼上检阅各种书籍，自史部货殖传、食货志以及各省通志、府州县志、海关册、约章大全、各种说部，有关于商业者，创造《中国商业历史》、《商业道德》两书，在商业学堂油印发给学生。同时长沙胡子靖（元倓）创办高等商业学堂，因为专请商科教员到湖南不经济，就和中等商业学堂合办，定名江南高中两等商业学堂。里面的教员都是兼任。胡先生见我编的《商业史》、《商业道德》，甚为赞赏，遂和我成莫逆之交。这个学堂曾经请张季直先生担任过监督，不久就让与黄慎之（思永）先生。张黄两先生对我之器重，不必说了。

中等商业先教普通功课，再教商业课程。有一次我在讲堂讲历史。适值端午桥（方）派一两湖书院的学生左全孝查阅南京各学堂，顺路到商业学堂来查看。校中庶务招待左君到我讲堂上听我讲课。我正讲到蒙古西征的史事，口讲指画，都是用的洪钧的《元史译文证补》内的材料。左听讲回去，报告端方。那时梁星海（鼎芬）也在端方座中，听见了，就托人来约我去会他。我因听缪先生常谈起梁氏之为人，逊谢不去。梁遂写了一柄团扇赠我。

五

端方和黄仲弢（绍箕）先生至好，黄先生逝世，无甚著作，端方和陈善余谈及，陈知黄先生生平想做一部《中国教育史》，写了许多题目，但未将正文写出，陈箧中尚有黄先生所写的题目。端方因托陈找一人按照黄先生的题目做一本书，就算是黄先生的著作。

陈在编译局找我代作，我允许了。陈要介绍我见端方，我也不去。在端方调直隶总督时，我替黄先生做的书已完成，写了清稿，交陈转呈端方，直到端方死了，陈也不知此书的下落。及到我在龙蟠里图书馆时，偶然会见一位瑞安陈君，问起他黄仲弢先生有何著作，陈君说有一部《中国教育史》，我听了怦然心动，问他此书可有刊印之本，陈说上海书肆有铅印本，我嘱陈君至沪时为我购一本寄来，得书一看题目次序以及每篇篇文，照我所做的印出，一字未动。不过加了一篇叶尔恺的序。可惜陈善余已下世，无从对证，只有胡子靖与端方、黄、陈等都相熟，我将我的原稿，和上海印的《教育史》，给胡子靖细看，证明此书系黄题柳文，并无疑问（曾符按：今此原稿尚存于家）。

我当时代做书，在编译局月支银四十两，约计两年，也近千金，可算是卖稿与黄氏，我也不必将书名著者更正了。

六

因为我在商业学堂讲历史为人所称道，因此两江师范监督李梅庵（瑞清）先生特请我兼两江师范历史教员。此席系继刘申叔（师培）之后，我就去担任了一学期。该校习惯，会计不送教员的薪水，要教员自己到账房去领。我逢课到校授课，但绝不找会计要钱，到暑期时即坚辞不去。李先生不知，只知挽留。我只说身体不好，不愿多教功课，李先生不能相强，也就罢了。后来托崇辉山（朴）再访问我不去的缘故，我告诉崇氏。崇氏说我错怪了李先生，李先生实在不知。回报李先生，痛责会计，将半年束脩送来（曾符按：据《幼堂日记》，后送来银元三百），李先生特别道歉，仍要请我到校，我力谢不往，只允随时可以演讲。到了辛亥这年，李先生又来请我，我又去担任到八月。但这次是教西洋史，至今还有学生记得。至民国以来的学生，只知我教中国史，不知我曾教西洋史也（曾符按：先生教西洋史，资料取自日本书，当时人均不知其材料之来历，先生自至校中小楼检书也）。

七

我在民国十四年东大风潮中受人攻讦，说我想做文学院长，又说我想做江苏教育厅长，我也不敢分辩，辞了东大教授应了东北大学的聘，到了十六年，东南大学改办第四中山大学，邀集许多人做筹备委员，也找我参加，因为那时要试办学区制，江苏全省的专门学校、中等学校都归这个大学管辖。开学时就要筹划经费。

向来江苏省的教育经费，有一笔纸烟捐，每年一百二十万，并且看得见可以逐年增加的。彼时政府规定纸烟的捐税应归中央收入，怕的江苏教育经费无着，指拨江苏的田赋，每年一百八十万，充教育专款。教育界的人都以为很好。但是江苏财政厅长说江苏的预算已经制定，田赋收入并无余款可以指拨。

第四中山大学校长和财政厅长商量不通，就派我和其他两三位筹备员至财政厅交涉。我们去了一次，财政厅说一个铜板也没有。校长又另请一位筹备员同我再去交涉，见面之下，财政厅长说已经说过一个钱没有，你们何必又来说空话。我慢慢说：此次来商量必须有个具体的办法，若是说空话，我也不敢来惊动，我虽没有办过财政，我却晓得财政家有个秘诀，就是收入是以多报少，支出是以少报多。这也难怪主持财政的人，如若不照这样做，就没有活动的余地了。我今天来，是请求财政厅长开诚布公将实在情况告诉我们，不要再藏头露尾，使得办教育的人为难。财政厅长听我说这些话，立即站起说：我们办财政的哪有这种情形，如你所说，我也不做这财政厅长了，我就和你对调，我还可以到第四中山大学教点功课，你就替我这厅长吧！我听了这番话，再向财政厅长说：请您不要动气，我若不明了江苏的财政实际情形，我也不敢乱说。但我是读书人，从《赋役全书》看到最近的江苏省的统计和财政报告，凡是江苏的征额若干，逐年的实征若干，都有数目字可凭。我已

——写出注明，见于某书，不是我造谣言。我们江苏的老百姓向来不敢拖欠国税，但是每年秋勘之后，征收总不足额，那是各县知县和胥吏舞弊，号为民欠，其实都可以追缴。所以每年的预算，都有带征积欠一项。前天厅长把（给）我们看本年的预算，田赋收入项下，既与额征之数不符，又和前几年实征之数不符，又未载明带征积年的欠款，这不明明是以多报少吗？厅长如不相信，我可以将我写的一篇账请厅长细看。

当时财政厅有人报告厅长有客拜会。我同厅长说：我们不妨坐等，请您先去会客，会过客再来详谈。财政厅长去了许久才进来。但是对我等一声不响。我再婉转的对财政厅长说：我刚才说的话，是我们密谈，我并不想公布，因为您坚决地对我们以及在省府会议上对各府委都说照预算案是一个钱没有的，如何可以掉转风来，照把（给）一百八十万呢？但我很体贴您的苦衷，请您出席省府会议时，不必说出这笔钱从那里筹的，只说教育经费最关重要，教育界诸位逼迫我承认。我没有法想，只好承认了。你们也不必问我这笔钱的来路。您看这话可行否，如若可行，我们就一言为定，一百八十万照拨，安慰各学校师生的心。您若不以为然，我就将我所写的，在各报上公布，请您莫怪。这位厅长，真正漂亮，听我一席话，满口承认，就照这样说法。我和那位筹备员回校报告校长，固属欢喜得不得了，那两位上次同我到财政厅的先生也惊疑得不得了，说何以前日说一个钱没有，今日竟全数承认了。我就大略复述这次谈话。有一位先生问我，从前做过省议员吗？何以晓得江苏的财政？我说我是江苏的老百姓，不曾做过议员。但我以为老百姓是江苏的一个人，就应当留心江苏的财政，并且读书的人，不是只晓得读过去的书，也要读当时的书，这才可以讲教育。现在那位财政厅长已作古，同我去的几位里，也有两位去世了。我写到此十分伤感。

八

我何以学会写篆字？我舅父的朋友孙永之先生（维祺），真、草、篆、隶都写得好，常到我舅父书房内闲谈。我看见他写篆字，我就要学着写。他说不是学着写，要看《说文》，才晓得每个字的来历。我那时不知《说文》是什么书，听见张先生家有这书就向他借。他有一部江阴祁刻的《说文系传》，不肯全部借与我，只肯一本一本的借。我借得一本，就将每字抄下，再去换第二本。我自幼读过《尔雅》，也就将《尔雅》一字一字照《说文》写去。这是我学写篆字的经过。后来孙先生去世，家境不好，他生平所得的碑帖亲手装贴，有数十百本，我买得数十本，内有《西狭颂》、《石门颂》、《尹宙碑》、《史晨碑》诸碑，我就学着写分隶。后来见着同乡吴芷舲先生（诵清），佩服他的篆隶，在南京时常去请教他。后来又见到李梅庵先生（瑞清）、欧阳竟无先生（渐），遂更学写钟鼎、魏碑和《泰山金刚经》等，垂老无成，愧负诸老。

九

我自幼受我母亲的教诲，做诗做文不可好发牢骚，专说苦话，以及攻讦他人，触犯忌讳等等。所以平生谨守范围，固不屑以诗文为干谒谀谄之具，亦不敢用为玩世骂人之武器。自在东南大学与梅迪生（光迪）、吴雨僧（宓）等创办《学衡》杂志，始对于当时教育界、学术界加以评论，也止于笼统指摘，绝不许诋个人。又与学生缪凤林、景昌极等创办《史地学报》、《文哲学报》，亦止于平心静气讨论学术，不立门户，不争意气。有一篇论《论近人言诸子之学者之失》（载一九二一年《史地学报》一卷一期）论及章太炎、梁任公、胡适之等诋毁孔子、崇拜墨子，及九流不出于王官等议论，措词也极慎重，惧婴诸人之怒。这篇文章披露之后，太炎见了，写信与我，声明从前诋毁孔子之误，承我批评甚感。后来相见，甚为契合。写一扇面赠我八字，是《刘歆传》的"博见强识，过绝于人"。任公过后对我的批评也无反响。一九二二年冬，任公到东南大学讲学，对我很客气，也曾写一联相赠："受人以虚求是于实，所见者大独为其难。"适之见面，也很客气。我的学生乘间问适之对我的批评如何？他说：讲学问的人，多少总有点主观。因为他提倡客观，我说他的议论并不纯是客观也。彼时有人怀疑古代没有夏禹这个人，依据《说文》："禹，虫也"一句话作证。东大的学生刘掞藜做了许多文章和他们辩驳，我并未参加。但在《史地学报》三卷二期里做了一篇论文，题目是《以〈说文〉证史必先知〈说文〉之谊例》。因为《说文》是讲字的书，并非是历史人名字典，所以对尧、舜、禹、昌、旦等都不说是某帝、某王，只照字的原始意义说。我也没有提出疑惑或说没有大禹的是某人。后来在北京见到几篇文字，指明我这篇议论不对，我也不再去辩论这个是非。

十

予六七龄时，先妣口授唐人五七言绝，约二百首，次授唐人五言律，约四百首；次授《古诗源》全部；次授《唐诗别裁》不克竟读，仅读七言律一类。其五七言古诗，则听予姊读三百首中诸篇，亦略能上口。十二三岁时，年终放学，潜至外家楼上阅读所藏书，手抄海门（鲍皋）、江干（余京）、石帆（张曾）、小花（李御）诸先生诗，亦学为之。两舅氏应书院试，间有试五七言者，两舅亦命予学制，不自知其工拙也。十七岁应童子试，学使考试，适遇龙侍郎按试，经古有古近体诗一门，煦斋舅氏告瀰卿舅氏为予报考，题为《焦山古鼎歌》、《田横岛》、《栾公社》七律，予以小篆书之，幸获录取。复试题为《拟杜工部李潮八分小篆歌》、《润州怀古》七律，阅后试卷评有"未冠能此，可称妙才"之语，出禀两舅氏，两舅氏甚喜，以予所作"有故而去"之八股文，恐不入彀，嗣亦幸获录取，评语亦佳。伯舅曰"学宪对汝文，竟能加此美评，吾辈虽欲思一美评不能也"。时在金坛应试之乡先辈，皆知予之能诗。陈心兰先生在试场，口询予若何学诗？予告以实未尝学诗，虽《唐诗三百首》亦未能全读。陈先生曰："学诗亦不必读选本，宜读专集。"此语予至今犹忆之，不敢忘。

又予十五六岁时，蒙李亚白先生赏识，并常赴其冬心书屋请教。先生教以阅潘四农《养一斋诗话》及蒋心余《忠雅堂诗》。比在金坛应试始获购阅此二种。又购黄仲则《两当轩诗》及《国朝六家诗》，粗窥渔洋、竹垞之樊篱。在家授徒，手抄韩、杜两集读之。此为予学诗之经过。廿三岁赴金陵编译书局，遂不复用功于诗，偶有游览应酬之作，仅以鸣其兴观群怨之意而已。

在金陵，又见陈伯严（三立）、范肯堂（当世）两先生以诗鸣海内，益不敢云诗，但冀亲炙时贤而知门径耳。王湘绮在宁，尝晋谒叩诗法，王曰："诗如女子，须有粉黛，又如士夫，须说官话。"予亦谨识之。时易实甫（顺鼎）偕游胡园，散原指易告予曰："此诗机器也。"易诗与樊樊山（增祥）诗最速，故陈目为机器，予知陈意，诗不以斗捷贵，故当时不嘲易，亦未与易谈诗，至樊则未一晤也。同时友好刘龙慧、毛元徵、梁公约、李审言、江小楼、徐南州皆擅诗名。予亦不敢与角。第聆其言论，知所宗尚。间阅郑子尹、江弢叔（湜）、金亚匏（和）、黄公度、郑海藏诸家诗，阅《陈石遗诗话》，知有所谓同光体，石遗之为诗话，录公约诗，有予宿北固山联句，予亦不敢以诗投石遗。民国初年在北京，胡子靖尝欲介予晤石遗，予懒未往。至廿年前后，始由曹纕衡介予见石遗，并属予写旧作质之石遗，始采予诗入《续诗话》。

民国五、六年任教南京高师、东南大学，与王伯沆（瀣）共晨夕。王喜谈诗，赣人胡先骕、邵祖平亦昵就。王谈诗，予旁听，久之，亦时有所得。王在龙幡里图书馆手抄《咏怀堂诗》，假予读之。陈散原亦亟称阮。予益知诗不易为，而径尤不可简。间取吴挚甫评点昌黎、半山两集过录之，并涉猎黎二樵（简）、高心夔诸集，不能如王之用力，任举某家之诗，辄举其名篇朗朗上口也。王又喜谈东野、宛陵二家，予读之，鲜领会，自知用思不能深刻也。

十一

我生平只知读书，不会做旁的事，读了几十年书，虽有点一知半解，依然是读书未通。世界上的知识，浩如烟海，每每望洋而叹，只想有生一日求学一日，学至末日方罢。

世以教书为业，又世以呆子为名，以赋性之呆，教授指导，往往只有我的主观，不能设身处地，体贴青年及儿童心理，诱掖奖劝，使人乐从。以故所教学生虽多，不能说有成就。每逢人道及，即自白曰：凡我所教的学生好的，都是他天资高、志趣好、自己能深造有成，不是我教好的，至于许多不好的，也各有他们的习气和环境关系，但我既负师长之责，我不能慢慢的将他们教好，就是我的罪过，拿了小、中、大各学校多少薪水究竟成就了多少人才，算起这笔账来，真正惭愧死了。

说到文章名世，我向来不敢学一种文人。偶然写几篇诗文，也不敢希望什么名誉，不过略抒胸臆，等于平常谈话，愧负外祖期许，万比不上外家的海门、论山、野云、凌秋诸公；更比不上先高祖春林公、族叔祖宾叔公、翼南公。

但是私心自幸，生在光绪初年，宾叔公至翌年始下世，我在外祖家能从外祖、两舅氏常闻海门诸公及宾叔公以及家乡先哲文章道德经术门径，从旧社会中剽窃绪余，又值国家社会变迁，随着同时的人物逐渐演进，反而觉得比起乾、嘉、道、咸、同、光的人，所见所知不同，遂由八股小楷社会中，渡到科学物质的社会中，这可算我的幸运。

宾叔公生于乾隆末年，到我今日写此文时，已达一百五十八年，这座桥梁，可算很长，后来子弟，尽有天资颖敏，殚

精科学，蜚声世界，突过前贤者。但其由旧而新，决不能如我
一生遭际，此为我所敢断言。

（《文献》第七辑，后有增补）

记早年事（一九〇三年前）

按：先祖遗稿有《劬堂日记抄》数十百册，皆平日读书时编摘材料，间加按语，以备著述之用。一九三九年《劬堂日记抄》有《记早年事》二十余则。是时先祖以避兵燹，流寓江北兴化，思念故乡旧游，不知何日得重返家山，又惧一旦不幸客死他乡，乃缕述早年江乡旧事，使为掌故。其中多述故乡长者学行志向，文采风流，今日读之自不失为研究地方文献之第一手资料，尤其其中先祖自述其克志向学，生活俭朴之精神，尤足垂为后法，因分段抄写酌加标目，以飨读者。一九八九年十月，孙柳曾符志于上海宛平南路小楼。

一、光柳二

吾家本寒素，道光间有老宅在南门皇祐桥。咸丰三年二月先本生祖介之公、本生祖妣吴太孺人，祖妣唐太孺人率先伯培三公、先伯母叶孺人、先君逢源公、先叔捷三公仓皇避兵，一家七口携衣物只独轮车两挂，余皆未携出，以故吾有知后，所见先世遗物止先高祖春林公手写《性理汇解附参》手稿一本，朱墨烂然，外此无一卷一叶也。家人被乱，初在附郭乡村，唐太孺人即以是年秋病卒于小茅山吴姓家中。无棺木，购一盛衣橱瘗吴宅后田中。其后展转至江洲，又至江北各地，困瘁非可言喻。介之公以咸丰六年捐馆，八年而镇城平定。先伯及伯母入城寻旧宅，匪微吾家屋宇不可知：即邻舍街巷亦无从辨识矣。十年镇城复陷，伯母产先兄，复至江洲依先君。其后先本生祖妣亦弃养。先叔亦卒。先君或助表戚小肆营生；或就乡间设帐授徒；然犹奋志读书，攻制举文，以艰苦成咯血症。同治三年以后，镇城虽底定，无力还乡。至先妣来归时，或沮于先外祖鲍仲铭公曰："若胡以女适'光柳二'？"光柳二者，言其身外无长物也。

二、出生第一楼街

外家鲍氏世居第一楼街，海门徵君、论山农部以诗名海内外，曾王父凌秋公以名孝廉治盐江右，咸丰初避兵卒于湾沟，外大父仲铭公偕昆季奉母殷太恭人由镇江避至高邮，继迁东台，外王母范太孺人生子女五人，先妣居长，以针黹佐两亲供菽水，年近三旬未字。先君以同治辛未童宗师岁试入泮，族人宾嵋，故与外王父相契，遂为作伐。翌年先君至东台就婚，寻相偕至镇，赁北门汪氏屋与伯父母同居，伯父恒商于外，食指不多，而先君馆谷岁仅四五十千。甲戌生先姊，咯血疾大作，宾嵋谓不可为。外大父延挚友卢翁治之，历久始渐起。先妣一身任烹饪浣濯、煎药、乳儿，无力雇佣仆也。越数年，就外叔祖幼宣公所居海门、论山故宅东南隅，赁地构小屋居之。伯母携伯仲二兄仍居汪姓屋。已卯冬十二月二十五日，吾生于第一楼街小屋中，是日先本生祖妣吴太孺人生辰也。外大父取《诗》："诒厥孙谋，以燕翼子"意赐以名字。

三、富、贵、穷三家不运盐

外大父之居东台也，家徒四壁，又患三阴疟疾垂十年。尝以生计之窘与外王母约，分寄子女之幼者于叔季家，夫妇携长女自沉于河，议已定，赖外王母家有接济来，乃不果行。伯舅濬卿公屡应童子试，友朋窃议，谓无幸售望；已而以熟精《尔雅》，受知于童学使，归东亭授徒，仍赤贫也。曾军初定江宁，招徕士子应秋试。许携土产售于宁，而免其捐税。江北士子以是竟贩盐牟利。庚午秋闱，外大父、伯舅将应试，众咸谓宜运盐以助考费，外大父不可，宁称贷以行。是时东台诸生应乡试而不售盐者，仅丁、王、鲍三家，丁以显仕，王以高资，其不运盐无足奇；惟外人父奇贫而不事此，人多怪之，曰之为"富、贵、穷"。语闻于丁濂甫先生，丁心服外大父之介，言于镇郡守，聘主镇城之普仁堂。堂故镇城善举之有资产者，经乱为人隐占，所入无几。外大父习知公庄地亩所在，钩稽簿籍，求之故牍，责逐奸宄，堂款以裕，外大父以为义所应尔，不自褚也。

四、居家敬老

吾不逮事大父母，闻伯母及先妣述早年家政之肃，伯父母贸易于外归，行李箱箧一以呈于大母，大母检阅其在外增购衣物及赠人之品，一一处理，始命伯父携入私室。盖《内则》所谓子妇无私货私畜也。幼居外家，见先妣及两舅父、舅妗事外大父，晨诣寝榻问安否，进烟茶，立少顷，命退始退。外大父兴，进盥具及晨餐，或轮侍或偕侍，不假手婢妪。两舅父出必告，反必面。外大父有所询，对惟谨，客谒外大父，两舅侍外大父侧，不命之坐，不敢坐也。外大父豪于饮，晚如置酒，微醺或酣醉后，先妣两舅氏敬扶掖入寝室，解衣履，展卧具，伺其安睡而后退。至有疾痛时，轮侍尤谨，煎药具馔，夙夜兢兢，屏息潜声，启闭户牖咸敬肃，惟恐其惊老人也。吾姊及表姊妹习于家庭礼法，亦从先妣、舅妗后，承事惟谨。

五、柳诒徵出生

吾生之年，外大母及伯舅妗始自东台至镇江，居南门道崇观程姓屋，适吴从母亦以是年自东台居扬州，适张从母以是腊于归，吾母临蓐时，外大母甫由扬州嫁女乘舟返镇，坐未定，又舁至第一楼街，视吾母，稳婆曰男也。外大父外大母咸大喜逾望，而不知此一块肉，经六十余年，曾无涓埃可以报外大父母也。某年外家迁网巾桥下马姓屋，吾家亦附租屋两椽，已而外大母弃养，先考发旧恙，困瘠不可为，乙酉夏端午遂捐馆。先妣既殒慈亲，又丧所夫，抚吾姊及吾，日夜泣血，嗣族人少云公谋于戚族及各善举主者，月助银二元，铜制钱二千，为吾母子三人衣食住之资，自是月致二千文于外家供膳费及屋费，吾家不别举火。至吾十九岁授徒糊口，先妣始自炊。光绪中食物虽不甚昂贵，然制钱二千，断不足供三人一月之食，矧兼住屋乎！某年外大父购第一楼街路东颜姓小楼及基地两进，易旧有之草屋为瓦房，力不能致板壁，以芦苇隔之。先妣率子女侍外大父住东屋，伯舅住西屋，仲舅住后楼下。比仲舅妗来归，外大父移居后楼下东屋，先妣率子女居楼东小屋，两舅所居，始易板壁，仲舅以癸巳中副车，分赠行卷，以亲友贺赍，又构厅屋三间。外家所居与九外祖所承老宅夹道相望，而吾堕地之所，亦已改造，非吾家赁地时状况矣。

六、光绪初生活之节俭

光绪初承咸同兵燹后，物力凋敝，人皆习于俭朴，生活程度之低，今人殆不足知。外大父任普仁堂董事，为有声望之绅董，月薪五六千耳，伯舅馆于西城外小街徐氏，馆谷年约百元，仲舅开门授徒，馆谷亦不逾百元，加以月应镇扬各书院试，合计外大父两舅氏一月收入不过卅元，以故衣食之觳，人习为常，先妣与两舅妗率吾姊及两表姊妹以茹素为恒，仲舅率吾与数学生共食，则有荤菜一篑，盖自给制钱百文与普仁堂庖人，庖人就堂中烹调鱼肉，送二篑或二盘至外家，午食其一，晚食其一。外大父伯舅晚归饮酒，亦共此一篑也。彼时社会风尚亦极俭约，故商肆及居户月仅荤期六次或四次，最少者初二及十六二次。是日屠家始竞宰猪，非荤期屠肆不尽宰猪也。两舅氏应书院试，舅妗始购猪蹄，作羹佐餐，然舅妗及表姊妹等不遍及也。内外大小皆布衣，大父及两舅赴亲友庆吊着缎褂绸袍，夏日则葛布袍束带，已为盛服。友朋往还，布衣布履，夏日着细苎长衫，虑其为汗沾濡，浣濯易敝，则折叠而挟于臂，及门始衣之，入室就座，亟解衣，不恒服也。先妣孀居尤贫窭，布衣之不补绽者，即为普通应酬之服，遇庆吊则夏以蓝夏布衫、春秋以蓝竹布衫、冬以蓝呢棉袄为致饰矣。外大父两舅各有一羊裘，余人无裘也。先妣黎明即起，督吾背书诵书，购油条四，先妣吾姊及吾各一条，其一条则吾食其半，先妣与吾姊又分其半，不能人食二条也。吾十九岁时授徒自给，岁得束脩四十元，益以月得书院试膏火，丰啬不恒，无钱购蔬菜时，则以制钱三文买酱腐乳一方，一文买麻油浸之，自晨至暮，母子三人以佐粥饭，欢然有余味焉。诸亲中张氏从母家境较丰，从母悯先妣贫苦，月馈制钱五百文，先妣临终时，犹感其惠，谓未有以报。忆吾十许岁时，两舅氏与挚友林纯甫、蔡吉人诸先生以重九至北固山登高，携吾至北门外素茶肆食面饼，助以绿笋、虾子，幼时所未尝。至吾十五岁，患时感几殆，比愈而沾滞床蓐者两月，值重九日，慨然叹曰："吾安得复从两舅至北门外茶肆吃面乎！"

伯兄炳文公自幼随先伯执业于宿迁典肆，间数岁始一归。归必诣外家馈北方所产粉条、高粱酒等物，又如请两舅氏携吾在城中五条街茶肆中吃面点，以手巾裹制钱四五百文为茶资，此亦吾印象最深，迄今不忘者。幼时恒闻长老斥某家子弟不肖，辄曰某人"无荤不下饭"，或曰某人"绸片儿飘飘"，皆病其不知俭啬也。至光绪末，风气渐变，亦不复闻此等语矣。

七、仲铭先生学行与教育

外大父天资极高，承凌秋公庭训，制行淳笃，勇于为义。

受业杨羡门先生，为诗有海门、论山家法，尤留心乡里文献，光绪初修《邑志》，颜子嘉、杨子安两先生总其成，外大父任采访，日夕与两先生讨论义例，甄述故实。书成，视《嘉庆志》为详核。黄漱兰先生督江苏学政，搜采遗书，上之史馆。外大父亟率两舅氏手缮海门、论山及野云先生诗呈学官，又助诸家征辑张猗谷、陈敬庵及吾家宾叔、翼南诸先生遗著，遂皆著录《清史》。晚而好《易》，手《来氏易》探索不倦。向夕置酒，吾以童丱（guàn）隅坐，听外大父与两舅论乡里遗闻佚事，窃敬识之，吾之读《汉学师承记》、《宋学渊源记》、《四库简明目录》、《湘军志》诸书，皆从外大父案头窃窥，外大父以其粗有知解，亦时时示以读诸书之法，旁及稗官野史，谓可以广异闻、益文思，不禁吾翻检也。外家先世稿草，多藏于小楼椟笥，岁暮岁首休学，或季节因事停课，吾辄登楼取笥中乱书玩之。闻外大父述海门先生与余江干、张石帆、李小花诸先生之文采风流，遂一一手录其诗。吾十三四岁时已钞有江干、石帆、海门诗钞及《八松庵十三吟草》若干种。睹外家诸书有印章烂然，而吾手抄之书无之，则以朱笔自绘名字印丁卷首。外大父又时时举诸家名章隽句，叩其能背诵否，解否，或窃效其法为五七言诗呈外大父，外大父辄掀髯大乐，谓是儿可教；两舅氏应书院试有杂体诗题，亦命吾仿为之。

八、鲍氏女子之才能

先妣明睿类外大父，少时记忆力极强，每岁阅历本一过，不再阅，自是举大小建，节气、建除、干支无或爽。外大父有手抄《蜻庵赋钞》一册，经乱失去，以先妣尝诵习，命先妣默诵再录之，终卷无舛失。吾五六岁，先妣课以字块，并口授唐人五七律，晨兴即命背之；稍长口授四子书、五经、《周官》、《尔雅》、《孝经》日有程，吾拙于记诵，自三五行渐进，不能越十六行。又嗜嬉戏，不肯温习，所读渐多，背诵渐艰，黎明先妣呼吾起，读生书十余行，以次背熟书，往往自辰至巳，背书未毕，不进早粥，舅妗等食粥，恒视吾背书之迟速为度，以是为佣妪所怨；先妣慈爱，又不忍施夏楚，闻人讥切，饮恨而已。吾记忆不强，而粗能了解文义。舅氏集诸生讲书，吾从而听之。已复嬉戏，诸生听讲已，归座互相讲习，翌日复讲，恒少师旨，召吾问之，吾乃举昨所闻以对，两舅亦益钟爱吾。吾恃外大父及两舅爱，又以讲书出诸生右，益溺于嬉，初属对尚得法，及开笔学八比文，自破承至起讲，遂无进步，舅氏批改指授均不省。一夕仲舅以吾课业投先妣前，谓若子不能读书作文，顽劣无进步，吾不复教之矣。先妣为之大恸，达旦不寐，呼吾起，背人询所愿，谓不能为文，即须入商店学徒，且詈且泣，吾见先妣惨痛状，自承改悔，于是从伯舅学为文。伯舅视仲舅尤慈善，吾文不进犹昔。至十四岁时，伯舅于吾文无奖语，先妣尤忧其不能尽学益甚，被酒夜泣，或未明兴，命车至先君莹默祷，冀先君有以牖其衷。

吾亦不知其文之佳否，初得题，视若易构，奋笔为之，嗣知其无当，渐求深入，凡甫见题后，所作辄弃去，别构一稿，或再三易，而后呈于师，师乃稍稍许之。一日，伯舅盛气来先妣房，搜吾所阅书及先君文稿都将去，吾茫然不知何意，已而色霁，挟书畀吾，吾亦不知其故，盖是日课文，师疑为先君旧稿，及检校无此文，乃信为吾所自为。晚饮时欣然告先妣曰："若子自是可以应试矣。"是年冬，遂日课以两文一诗，备翌年应县试。

九、老鸭治病

吾幼鲜病患，先姊每多病，先君捐馆时，先姊患时感几殆，每岁夏辄患湿气，不嗜饮食，先妣每忧之，向爱吾之体质强，第虑嬉游跳跃有失也。十三岁时，患咳嗽，由春至夏。张氏从母归宁，烹一老鸭，命食之而愈。十五岁应府县试，及至金坛应学使者试，以幼童观场，于得失亦不措意。院试不售归，先妣督吾读书益严，间亦应书院试。八月初至县署应培风书院试，已交卷归矣，忆有一布巾遗于署中，禀先妣后往取；由署中出，日薄暮，取径城隍庙前，又以途径不熟，蛮蛮然归。自是体中即不适。十二日先姊二十生日，先妣治汤饼飨伯母舅妗等，吾饱餐汤饼后，遂发寒热，至中秋后而热度愈高不解。初延徐君震青诊治，嗣延族兄幼安先生诊之，至廿日左右益昏沉不知人矣，幼安兄不敢独任其责，力荐王君少徐同诊，投以牛黄清心丸始醒；然以慎重下药，不敢投重剂，以是微热不退，大便艰涩，历九月始渐愈。十月初三，先妣常诞也，吾思下床叩头，愈不能兴，至十一月始如常焉。方吾病困时，两舅自江宁应秋试归，日夜助先妣视吾，以吾生命不保，则先妣及外大父皆岌岌可虞。举宅皇骇，佣仆屏气小步无敢声者。已而仲舅举副车，吾病亦康复，外大父、先妣大乐；惟为伯舅未售及仲舅虽售而屈抑惜耳。

吾十六岁仍侍先妣读，时已习为小篆，熟诵《尔雅》，日以小篆写之，冀来年院试以此求售也，然至夏初，又患心悸肢冷等症，遂废业。外大父延老友蒋小素先生诊之，先生为处方，三日服一剂，谓久服之自愈。吾以废业无俚，时取书帙检阅，先妣转切禁之，且命吾姊与吾习叶子戏，吾斯时已知嬉戏之非，谓若此非久计，先妣每慰谕之，谓暂时辍读，俟体健自可用功也。

十、旧法试士

旧法试士，邑宰试五场，郡守试四场，皆在本城，学使者试经古制艺二场，录取者各复试一场，故一试而售者亦须经十余试；隔岁再应试，则经廿余试矣。吾十五、十七两应小试，其应府县试也，先妣及舅妗预治馔，试前夕，命吾及舅氏弟子应试者饱餐而早寝，两舅至试场前听炮，先妣及舅妗坐而俟试场发头炮，两舅亟归叩门，促吾等起，又饱餐，携考具衣冠而往，阴雨则持雨盖，穿钉鞋，鹄立于试场外，徐发二炮、三炮始启门点名，试者入场，两舅氏俟封门始归，舅妗等咸候至是时始寝。试日之下午，两舅又至试场前接吾等，试场内俟交卷者满五十人始放头牌，再得五十人放二牌，又得五十人放三牌，嗣是无所谓牌，交卷即出矣。吾应试惮苦思，黎明得题，至下午两艺及诗正草俱毕。往往首交卷。视同试者苦思，及次交卷者麇聚于试场中门内，戏谑以为乐，以故头牌即出。舅氏先为吾携考具送吾归，再往接诸生，诸生文思迟者，至夜半始陆续出，或至翌晨始出，舅氏及舅妗轮替候之，故一试而举宅沸扰焉。阅一二日，候发草案，初试多者千人，少亦八九百。草案式五十人为一圈，自中左行，或录十许圈，看案者必一一谛视，某生在某圈，看者拥塞，惧有遗漏，则再三观之。案或夜发，则一家又为之彻夜不寐，翌日又治馔宿场送考，又一日接考，又一二日看案，诸生试一二场即不录者无论矣，吾则往往终场，先姚舅妗等劳于家，两舅氏劳于外，竟府县试始已（吾十五岁时应县试二场、府试四场，十七岁时县府试皆终场）。惟试至第四五场，人数已甚少，终试时，试官且治馔享试者，群谓之吃终场酒焉。

吾两应县试皆王伯芳讳芝兰师主之；府试初次为王可庄先生，次则彦秀太守也。县府试以取入头圈前十名为荣。历试升降不一，有初在八九圈，渐晋至头圈，终试而至前十者；有初试在前十名，历试而降至数十名者。吾族应试者多，少云公之子苇卿、鹤侨公之子骧程恒与吾同试，骧程应府县试恒在前十名，苇卿亦出入于前十名，吾则第二次县试及第一二次府试皆在头圈十余名中，无一次入十名内者，时多谓试官以柳姓不可有三人入十名，故抑吾不前，实则吾文字逊于骧程，非故为轩轾也。县试或府试终场列十名内者，执贽谒试官为弟子；学使者试，调之坐大堂上，十九皆录取。凡县府试皆前十名者，谓之双前十，院试之售如操卷，即仅县前十或府前十，院试不售，亲友咸为之扼腕焉。吾两试皆未入前十名，故亦未尝执贽于可庄先生及彦秀。惟应培风书院试，常前列，入学后，谒伯芳师，称弟子。

十一、考秀才之难

光绪中江苏学政，以黄体芳、王先谦为称首，所甄拔多知名士，继之者杨颐、溥良去黄、王远矣。吾初应院试，溥良之科试也。甲午冬龙芝生师被命来苏，观风题有拟鲍明远《河清颂》和庾子山《咏画屏风诗》诸题，鲍庾集皆所未睹，辗转假得依仿为之，初未解六朝作风也。乙未四月至金坛应试，初只拟于经古场报考默经，旧制学使者试《四子书》文及试帖诗为正场，正场之前试经古，分经解、史论、诗赋或天算诸门，默经亦其一，伯舅之入学亦以默写《尔雅》、《仪礼》，受知于童薇砚，故予自幼即熟诵《尔雅》，又学写小篆，皆学童所视为难能者也。试前龙学使悬牌宣示生童，自呈经古试门类，视历届为多，自经解、史论、诗赋、默经、天算之外，有舆地、西学及骈散文、古近体诗诸类，仲舅见之，归寓语伯舅曰："经古场有古近体诗一类，曷为呆子报之！"呆子者，外大父及两舅戏呼吾者，久之等于小名矣。伯舅曰："呆子虽学为诗，恶足应试？"仲舅曰："姑为报之，即为诗不佳，亦无碍也。"于是吾遂兼试默经及古近体诗。试题为《历举〈尔雅·释训〉中释〈诗经〉之句》及《焦山古鼎歌》、《田横岛》、《栾公社》七律二首，吾于《尔雅》胪举所释《诗经》诸句，未之备也。《焦山古鼎诗》则以尝阅《邑志》，知其梗概，奋笔为之。田横、栾布事迹，亦以尝阅《史记》，略知题旨，脱稿悉以小篆书之。正场试题为《有故而去》，所为文无警动处，两舅阅其稿，默不置一语，吴子攸姨丈阅之，亦不谓可也。已而经古案发，试古近体者，第录吾一名，亦不知他县童子有试诗者否。复试坐堂上，题为《拟杜工部（李潮八分小篆歌）》、《润州怀古》七律二首，不复默经矣。吾未尝诵杜此歌，姑先为七律，龙公幕客有江西萧君者，巡视诸生至吾前，吾请其以原诗示吾，萧君可之，即入内检《唐宋诗醇》是诗示吾，呈乃就注中所引八分小篆诸故实依仿成篇，萧君试吾作书，又以前卷之批语示吾，有"未冠能此，可称妙才"之语，出场两舅迎而问之，吾以题及批语对，仲舅语伯舅曰："题专为呆子出，且评若此，复何忧！"盖吾两舅以吾八比文不佳，惧经古虽取，仍不能入学也。正案出，吾幸预选，遂应提复试。提复者，咸、同以后新制也。某县应取新生若干名，虑一试之未审，爰多提若干人再试之，如额定仅取三十六名，而提六十人试之，则必有二十四人落选。其试之也，为时甚促，大都一二小时，虽所试仅一起讲二提比，或诗二联，而题必甚难，监视极严，督促甚亟。应提者，得失之念扰于中，监视之严迫于外，往往平时文思甚敏，至是不能下笔；或逾时而所构未终卷，已为监场者撤去，自知落选，懊丧欲死。故虽提复，师友亲故，欣惧相半。必提复能如期完卷，其文入彀，始可必其入学焉。吾以诗评既佳，自必得隽，从容抒写，如时而毕。正案出，仲舅奔归，告伯舅曰："呆子有矣！"时未有电报，持急足归报，有叟曰张文成者，以此为业，自金坛急驰至镇城，先妣闻之，且喜且泣；外大父则遍语贺客曰："吾家呆子乃学使所许为'妙才'也。"是岁族兄炳元，族侄兆魁与吾同入学。炳元长于吾殆四十岁，吾未生时已应童试，白首乃得补弟子员。昔时小试之艰，今人多不之知，故予详记之。

十二、老法苗痘

先高祖春林公昆弟六人，公行五，母秦太孺人，以贤孝著于篷室，家乘有传。经嘉道至咸同，伯叔高祖之支皆不昌，仅本生祖一支存耳。伯父以光绪五年春捐馆，伯兄年二十，仲兄砥如甫四岁。伯兄商于外，所入亦微，伯母叶太孺人备历艰苦，教育仲兄。癸巳之秋吾大病时，伯母病，仲兄亦病，伯兄自北归，未几伯母既弃养，伯兄仍至高作，仲兄则居继抚塾，从族兄次乾先生习制艺。时未行种牛痘之术，小儿两三岁延医种苗痘，其发有轻重，既种之后，亦不再种。仲兄幼时种苗痘，所发甚微，至丙申仲兄年已廿一，忽发天花，势极危险，家赤贫，医药靡所赖，伯嫂曹孺人虽居北门故宅，又以嫂叔嫌，不能抚视所患，嫂有子某亦染天花而殇，尤痛于心。先妣以仲兄之孤危，日自第一楼街至北门视之，为延徐君震青及幼安族兄诊治，称药量水，购烹鱼笋蘑菇，湔涤溲便，时其寒燠，幸而脱险，结痂久始脱，又时时抑制其爬搔，购相宜之食品，慰以好语，其难倍于监护幼孩之出痘焉。由网巾桥至北门东西街也，既无力乘舆轿，日日步行，四五月间，日气甚烈，晨往迎朝阳，暮返灼夕阳，益不胜惫。外大父足部患湿疮，吾姊及表姊妹等日为浣濯换药，顾不如老人意；先妣自北门归，又必待外大父濯足敷药而后可以稍憩。先妣时已五十有二，体质素强固，自是渐衰矣。明年龙学使科试，仲兄以习于字典中所载奇字，试经古时，竟卷皆奇字，亦获隽。

十三、学骈文法

吾幼时窃窥外家书，有陈检讨四六，虽不尽解，窃好之，癸巳试于金坛，自书肆购铅印《八家四六文注》时时诵习焉。十六岁时，侍外大父两舅饮，伯舅谓骈文难于散文，吾率尔对曰："骈文亦易为。"伯舅曰："尔何知，乃易之耶？"会书院试有史论题，吾仿孔㧑轩《元武宗论》为之，以呈伯舅。伯舅曰："文虽不工，已得门径，曷肆力于此？"外大父有挚友李丹叔先生，工骈体文，每过外大父论文艺，吾厕外大父侧，敬识之，先生亦诱掖吾，恒叩所业，吾请治骈文之法。先生教以读李申耆《骈体文钞》。乙未试金坛购得是书，遂粗知魏晋与梁陈之高下及其渊源所自焉。自补诸生后，先姊任吾自治，不复束以常课，吾乃日诵《骚》、《选》及李氏书所采萧《选》以外诸文，以熟诵而能背讽为度。先姊不稽核，则乞吾姊执卷试其熟否焉。丁酉科试，自占骈文，试题为《拟陆士衡五等诸侯论》，龙师亦录吾一人，亦不知他邑有占骈文者否也。试八比，置一等。从舅养庭先生亦列一等。勉吾曰："邑人试古学，惟汝首选，食饩不难也。"夏归拟应乡试，外大父精星命之学，谓吾方行卯运。与太岁相冲，姑迟一科，不必往，先姊及吾敬遵之。吾以试书院所得膏火及一等生应得宾兴费，请两舅在金陵购书，二舅为购四史、十子、《古文辞类纂》、《先正事略》诸书，吾欣然若贫儿暴富焉。

十四、得书之难——光绪年间书肆不卖《说文》

回思幼时得书之难，历历可数，初学小篆，请教于两舅挚友孙永之先生，孙先生于四体书工力甚深，尤熟于《说文》，教吾习篆必先读许书，其时舅家仅有石印朱氏《说文通训定声》，吾持以询孙先生，孙谓是书非始一终亥原本，宜先读二徐书，而镇城书肆无售者，闻邻塾张藻文先生有徐氏《系传》，请借阅之，张先生以吾年幼，不知惜书，谓是书可以借阅，若姑持一册归，俟一册毕，再借第二册可也。吾借得是书，乃于常课外，穷晨夕力钞之，惟恐既还某册，不可再借也。嗣是点阅《史记》、《汉书》，亦从张先生及养庭舅氏借归、方评点《史记》及张皋文、姚惜抱评点《汉书》逐册借换。阅《庄子》则借张汝阳先生所录林西铭评本过录。十七八时，日力最足，自十九岁授徒，则分功于童蒙，不能竭一日之力惟吾意所阅读。赖先姒及吾姊，分课诸童，计吾自课，其日力亦可得三之二也。初拟治经，而戚友中无藏《学海堂经解》及王氏《续经解》者，族人骥程有《御纂七经》，予假其三《礼》，以意抉择诸家之说，以小纸录粘于《周官》及小戴《记》读本上。此二十前后事也，今此诸书俱付劫灰，虽存亦不足重视也。

十五、学习书法

吾家固无碑版法帖，外家所藏亦少，吾初学书时，两舅氏授以《颜家庙碑》、《多宝塔碑》，既非旧拓，又散页不甚全，学之无所得也。仲舅案头有京口驻防万选所辑《笔谏》一书，内多模刻碑志中精语，予窃窥而仿之，某年伯兄自高作归，以钱梅溪所临汉碑诸刻贻吾。吾乃仿钱书波磔，摹其签题，视习真书为有味。世丈赵子枚先生家多汉碑，吾与先生仲子经仲同入学，以通家子起居先生，乞出所藏观之，先生以其尊公所临《成阳灵台碑》、《校官碑》各种，刊版于太仓学舍者赠吾，吾视其笔法与钱梅溪不类，乃窃意汉碑之体固多也。时有泰州王欣哉名昌者，售书于镇城，间亦过舅氏书斋，为补书海门先生自集楹语曰:"君父恩深,一饭不忘忠孝;诗书业广,三冬足用葘畬。"笔势雄恣,吾俟其书毕,请习汉碑之始,王君曰:宜先学《张迁碑》。偶有碑估,携新拓本求售,余购得《张迁碑》及《白石神君碑》、《封龙山碑》、《曹全碑》多种循环临之,间亦为人书楹帖矣。丙申之冬日,两舅氏将治觞为外大父庆八十寿,李丹叔先生为骈体寿文数千言,两舅乞茅北山先生书之屏幅十有六,茅先生书之近旬日,间为吾讲授学书之法。会蔡吉人先生亦制一文寿外大父,其文固逊于李先生,而舅氏不能不书,乃命吾书以汉隶凡八幅,是为吾书寿屏之始。

十六、气功导引

岁己亥外大父入学周六十年,为重游泮水诗,征和友朋。学使者为题"芹藻重馨"额。是岁余试列一等第三,从母子吴永龙亦以县试前十名入学,里人贺者踵集,是冬外大父以老疾弃养,吾痛极而不能哭,见先妣及两舅两从母两舅妗擗踊号哭,从而长号,其痛始随涕泪而舒焉。外大父多技能,少精于弈,晚以无与弈者,不复弈。外王母范太孺人家世习于拳术,外大父亦得兵家之传,恒为吾述范氏技击故实。又善昆曲,酒后引吭转声,顿挫皆中宫商;茅北山先生以昆曲鸣一时,里中无出其右,独钦服外大父,谓世丈功力非己所能逮也。又习道家言,为呼吸导引之术,年虽古稀,犹至文庙赞礼,其声洪而长,居文庙侧者闻之,如咫尺焉。两舅氏以家贫,日役于授徒,不暇旁骛,第传外大父星命之学,仲舅亦习音律,能吹笛,以饮酒患咯血,亦不恒吹也。吾十五岁病后,体气不复,闻外大父能运气人丹田，亦时时为深呼吸，顾不敢以质于外大父，不能得其传也。

十七、补廪

考试时代多有至可笑之事，学童之应府县试也，必请一廪生具结保其身家清白。学官又遣派一廪生书名签字于结，此学童始得入试。若廪生不为具结，虽才无由试；虽试而获取，亦必除名。廪生之拒具结也，以冒籍，以匿丧，以娼优隶卒屠皂之裔，以家世无读书者，而不肖之士恃此为索贿之具，虽非四者，亦可以是诬之。苟纳多金，即四者亦可签字。以故博士弟子员竟以食饩为的，岁科一等前列可补廪矣，而廪生之缺有限，竟一岁廪生中无丁艰或出贡者，则必俟下届再试前列，而后可补廪焉，然求之亦有术，唆廪生之贫者以利，允为之捐贡，则亦可得一缺。出资者多，岁亦可补四、五、六人。而为此事关说于诸廪生及岁试前列之间者，谓之开廪行，即买卖廪生之捐客也。

己亥岁试，吾名第三，而实第二，以第二为廪生也，第一名为吴兆曾，适值一廪生丁忧补其缺，吾俟至岁终无缺可补，而开廪行乃日日以买缺怂两舅为言于先姒，谓弟具三百元可立购一缺。先姒曰："吾赤贫，安得三百元乎？"言者多劝其借贷，族人之爱吾者亦力言于先姒，为筹贷款之途曰："若可从某某贷若干，某某贷若干，若子补廪后，分送廪卷，可得亲友贺仪若干，则所贷之款立可还其半，至科试时值童生之富者，具一结又可得若干，债寻清矣。"先姒熟思久之，谢来者曰："吾既赖于借贷，吾儿虽补廪，亦不能仿不肖廪生之所为，吾儿年甫逾冠，苟应为廪生者，俟下届考试第一而得之可耳。"言者语塞而去。顾吾负先妣，嗣是尝三应岁科试，再列一等，卒不获第一。

十八、书院考试之变化

咸同以前镇扬书院只岁首知府运使一试，等第既定，月支膏火，山长课之而已。兵燹后，学者生计困乏，官厅虑书院之膏火无以均济，乃月试之，升降厚薄无定，如昔之超等第一名，月可得膏火若干者，月试之后，则不必此人屡占第一，而岁首所试之在一等者，屡试可取超等矣。其法规视昔为善，而应书院试者乃甚苦。濯磨淬厉，亦可以增长文笔，士之雄于文者，可不授馆，专以应书院月试为生，月可得数十千，盖人不止为一卷，尽一日夜之力，可构四五艺，门弟子或戚友之工书者佐缮之。阅者亦莫辩其出一手也。吾侍两舅氏试书院，初为抄胥，继为检经籍故实，诗题出处，比能文，亦自为一二卷，每月县试培风一次、官师试宝晋各一次、南霱各一次，皆在镇，又应扬州之梅花、安定官师试各一次，凡七次。扬州之试，或坐课船赴邗，寓两从母家，或寓逆旅，其为时少舒。在镇应试，则扬之急足（即前所述之张文成。文成老，其子亦世其业），赍题及卷至镇已午后，子夜敲门索誊送之扬，为时甚促，不能从容构思也。师课膏火少，官课较优，常镇道、两淮运司主之者尤优，额定膏火外，前十名皆有花红银一、二、三两不等。试或不利，卷仅文数百文。吾为诸生时，应镇扬各试，均计之，年亦得百数十千，视馆谷为优，第升黜不恒，不能视为固定收入也。十六岁时，仲舅常戏为联书先姊寝室前曰：全家度日惟三口，常取培风第二名。二十岁时应南霜试，两舅命吾至院中领卷，而彦秀太守是日忽下令扃门监试，于是两舅及他人之俟题于家者，皆不获预试，惟少数住院之生童及外来领卷不意扃闭者应课，是日试题为《汉令四姓小侯皆入太学赋》。予未尝习唐人律体赋，惟熟于后汉史事，又尝攻骈文，遂在仲兄斋中成一卷（仲兄是时住院读书）。乃揭晓，以应试者之少，只吾一卷列超等，余皆特等以下。外祖以是又日对宾客夸之。有嫉吾者曰：柳某素不工赋，是必其舅氏代为，实则两舅氏候吾试毕归，始知试题也。

十九、治心疾之琥珀寿星丸制法

外大父捐馆时，吾姊佐舅氏等守夜，倦极而寐，火油灯倾覆烧其衣，惊起扑灭而不敢声，以是成心疾。庚子春时时呼足痛，夜不成寐，至夏渐棘，及秋益盛，日夜思寻短见，先姊与吾轮流守护。先姊又患疟，寒热盛时，不能守视，则乞舅妗护视之。医者诊治多不效，或谓须以珠粉食之，家贫固无珠，幸吾应扬州书院试，恒得银数两，购珠以为药。入冬犹不瘥，姻家有曹衡甫先生，以儒医负盛名，偶晤伯舅道及是症。曹曰：吾能治之。曹家东码头，不恒入城，固不计吾家酬金，而舆人之费，亦视他家为昂。吾亦以书院资敬延曹先生，曹治以控涎丹，继投以琥珀寿星丸。控涎丹购于市，姊服而涌吐痰涎；琥珀寿星丸为曹独得秘方，肆无售者。其法购天南星数两，掘土数尺，以童便浸于中，越一昼夜，再启土出之，配以他药，加朱砂为丸。隆冬地冻，先妣就院中，以锄刨土，力不继则吾助之刨，母子汗浃衣而掘土不及三尺，以贫无佣仆皆自力也。丸成姊服之，至春初疾良已。江都徐君觐宸字粹甫者，曹先生弟子也，前室卢氏病卒，谋续胶，曹先生曰："吾知柳某姊贤淑，曷委禽焉。"是夏姊遂字于徐。

二十、编译书局

先妣将嫁女，议先娶妇以助家政，吾入学后，已聘吴氏从母长女，吾禀先妣曰：儿授徒岁入不足百元，书院试优绌未可议，家无余资，一岁中兼办嫁娶，安所得钱？盖嫁娶二者虽极俭亦需数百元，罄所有不敷也。先君子弟子陈君庆年字善余者，宾崵、次乾族兄甥，博学负盛名，馆于鄂张文襄所，每归里恒招吾谈学艺，谓吾有志于学而里居孤陋，不易进益，曷谋馆于外，生计可较丰，亦可亲炙贤宿，吾闻而唯唯，陈屡言之。一日属吾平时所为骈散文为一帙，谓将以质之海内通人。吾录文十余篇授之，亦不知其示谁某也。秋初朱生本沅之父邀吾至城外天主街迎春园茶话，坐甫定而陈君及茅子贞世丈陪一叟至，陈君招予同坐，告吾曰：此江阴缪小山先生也。"又告缪曰："此即柳某，前呈文稿，即某作也。"缪先生操江阴语与陈、茅两人纵谈，吾亦不甚悉，茶毕而散，陈君告吾曰："吾为若谋馆有望矣，缪先生赏若文，且谓若年甚轻，而衣服朴拙，非今之狷薄少年比，若姑俟之。"至重九，茅先生自金陵来一函，谓江、鄂两督，拟创学堂，以教科书未备，先延缪先生创设编译书局，缪先生为总纂，贵池刘世珩聚卿者以候补道为总办，吾与善余介子为分纂，缪、刘两公咸可之，予得书呕来。茅先生尝受业于宾叔叔祖、与先君同门，尝在继抚塾为先君代课；陈君亦尝受业于茅，两君皆缪先生南菁书院门下士，故同荐吾于缪先生，吾初亦未尝以是干茅也。既得书，虑不胜，但又不可不往；陈君已赴鄂，仓卒不能商进止。时李丹叔先生馆于宁，适在镇，遂谒李先生谋之。李先生力怂吾往，立命吾束装从之。乘小轮赴宁。吾自是游于外，不家食矣。先妣以吾客游馆谷丰，乃锐意纳妇，腊月从母送女于归；翌年春姊归于徐。妇室床柜，吾姊妆奁，一一皆先妣赏贷擘画，诣亲串招匠役为之，吾不克分其劳，先妣体力益以衰。

初先妣善饮，日侍外大父晚酌，与两舅量相埒，及自炊时，姊及吾侍饮，犹时举一觞。比娶妇嫁女后，饮酒锐减，每觞忆子女，辄忽忽不乐。又时患痰饮，晨起辄呕吐。问延曹先生诊之，曹先生曰："痰饮者，酒患也。能饮则本质未亏，今饮量锐减，虑异时痰不可为也。"

二十一、光绪间上海之译书局

缪先生激赏吾文，手批于册曰：古之刘峻孝标，今之彭兆荪甘亭。迄今思之，匪所敢承也。既之江宁，馆于钟山书院园榭，遂执贽于先生之门，先生温熙，奖掖备至，吾不淑，白首不能窥先生学万一，追憾何极。编译局之谓，初曰江鄂，后曰江楚，刘忠诚、张文襄两公主之，忠诚自逊于学不逮文襄，事必咨之，而局费则出于江藩，鄂不任费也。缪先生固文襄弟子，然于新学匪所谙，以译局属之罗振玉叔蕴，罗在沪办《教育世界》《农学报》，与日人藤田丰八稔；王君国维、刘君大猷尝佐其译报，乃在沪移译日本各科教本，以《农学报》铅字印之，缪先生不与闻也。江宁局中任编书分纂者有江宁陈作霖、句容陈君汝恭，年事皆高于吾，吾以丈人行事之；常熟宗嘉禄受于，为南通张季直先生所荐，年差长于吾，吾兄事之。其分校有京口崇朴辉山、江宁叶廷琦少棠、皆尝举乙科；子贞先生长子乃登春台，亦尝分校，皆吾晨夕以居者也。其后来陆续入局者，有吴县曹元忠君直，南通范当世肯堂，长洲朱孔彰仲我，兴化李详审言，江宁徐虎臣啸崖，福州陈季同诸君子。钟山书院后改为高等学堂，局移于中正街祁门试馆。义宁陈伯严先生三立居街南，同里陶逊宾南馆于其家。范先生亦尝寓陈所，吾以过陶、范，获谒陈先生，遂亦时谈宴焉。

在局所治书，初修改澄衷学堂《字课图说》，后补辑那珂通世所编《支那通史》元明两代，改名《历代史略》。继为《国朝大事表》（曾符按：此稿未印，今藏于家）及校订《朝鲜近世史》等书。缪先生语吾曰：局所积习，必有若干人不事事，子毋染其习，吾敬慎从事。缪先生又恒命代撰应酬文字。尝以某肆所印西学书属序。后乃知为张季直先生浼缪先生属局友为之者。吾尝应张先生所主文正书院试一次，题为《无政事则财用不足》，予文首语曰：政事非法令之谓也。张先生批曰：是。然未知吾名也。至是遂延吾往见。先姚六十生日先生赠联曰："旧闻家法丸熊胆，亲见门才启凤毛。"以酬吾代笔也。

局薪初三十元一月，继以宗君非四十元不来，乃皆改四十元，又月致零用一元。吾以家贫骤事婚嫁，负累数百元，月薪谨以寄先妣，不敢用，惟倚零用费一元。又应尊经师课及刘忠诚尊经甄别试，屡第一。陈君善余来京（宁）戒余曰：书院残局，留以为老儒寒士糊口资，子有局薪不可再与若辈竞，吾自是不复试。然诸书院亦不久皆停废矣。

二十二、中举送楹联

壬寅、癸卯两应乡试，皆房荐而不售，缪师属望甚殷，知其房荐则属谒房师，予以其时科举已将废，得失无足较，且懒向州县官执贽称弟子，惟仲舅煦斋先生登癸卯贤书，予大为外家庆幸，仲舅以楹联赠乡人，予为写联百余副，盖彼时风尚甲乙科以殊卷印赠知好及富翁，必媵以楹帖，则馈赠加丰，无楹帖或馈而不丰，或竟不馈。若入词林，其楹帖尤为贾竖所荣矣。甲辰仲舅至汴应春官试，不售。就湖南学幕，馆谷稍多，然校阅勤苦；又湘水寒冷，久饮生疾，乙巳冬自湘归，遂患子母疟，曹蘅甫先生诊治不愈，至丙午四月谢世。外家气运，由是一蹶不振。

二十三、东游日本考察教育

壬寅冬张文襄公权江督篆，议创学校。以北方兴学先奏派吴挚甫先生至日本考察教育，亦奏派缪师赴日考察，缪师预延教师译员及予同行，癸卯正月，由沪赴日，同行者徐乃昌积余，实为一行提调；孙筼湘霭，闽人，预订化学教师；侯巽健伯，江宁孝廉，预订中学校校长；张柟小楼，江阴人，通日语，缪师之戚；又舒伯勤，皖人，预订教生物者；王某闽人，预订体育员；予以译局分纂从，初无学校名义，当时江督行文彼国文部省，胪举各人职务，则漫署为地质学教员焉。孙为译局同事，余均初交。

壬寅腊杪回里度岁，已知春初将渡海，禀知先妣，先妣虑其体弱，不胜风涛，欲阻其行，予幼读王梦楼先生诗，羡其未第时，随侍读全斌敕封琉球，毕生以曾经沧海自诩，窃慕其壮游，劝先妣勿以为忧，然先妣不能释然。予在海外，虽常有安禀到家，先妣日夜思予，惧其不归。及四月中旬返里，先妣在姐家，见予既喜且悲，又疑为梦；予乃知《论语》"不远游"之戒，为深体人情也。

初坐海船，风涛初不甚大，而徐积余素有晕船之恙，入舱即呕吐僵卧不能起，予颇笑之。然日本舟中皆西餐，予食之未惯，觉多腥味；餐后风浪渐大，亦有眩晕之意。张君属其登船面受风，游目云天，自尔无患。抵长崎稍停，至神户登岸。舟行内海，风浪愈小，爱其水碧山青，真有蓬瀛之想。缪师则谓汝未游浙，不知富春江之风景，远胜于日本内海也。

是行由神户乘车，经大阪抵东京，寓牛込区某町某番地。自携庖人及理发师，时日本物价尚廉，公家日发膳费三元，所耗不迨一元也。住房及车马费皆开公账，不在日费三元之内，家用则仍支译局原薪。预计旅日三月，可增收百八十元。然缪师不耐居日，在东京月余辄思归，匆匆至大阪观博览会及西京一行，遂道海归。往返不足三月，予等私心以为憾。时缪师年近六旬，每日须饮绍酒一斤，方能大解，饮不如量，辄患便秘；东京酒贵而不佳，须至横滨购致。故师以旅况为苦。记有一绝句云："压檐寒绿下如潮，梦旅春愁未易消，我比渔洋更惆怅，闭门独咏雨潇潇。"可以见其不乐居东之情矣。

此行也，日人招待甚殷。预由罗叔蕴函托日本东京高等师范学校校长嘉纳治五郎，预订彼国教育专长，排日为吾等讲授教育原理、教授法、管理法等，又由文部省排定每日参观学校，缪师极为厌苦，恒属余偕张孙诸君往听讲，张孙等亦不暇笔记，予则记之独详。每之学校参观，亦详记其特色，如女子高等学校之作法，及某学校之柔道等，均缀述不厌其琐。归国后，文襄询缪师日记，缪师唯唯；质之同人，均无以应命；惟予有日记且详，乃命予创为《日游汇编》焉。

（《镇江文史资料》，一九九〇年第十七辑）

壬子苏门纪事

镇江故有米市，广潮商人及钧卫、沙网各帮，均萃于镇，轮帆迭运，为商业之大宗。自清光绪二十一年，合肥李氏挟其权力，运动江督，禁镇江关收米麦税，移米市于芜湖，于是镇地商业，遂有一落千丈之势。尔时江督胥吏来镇关说，索贿六千金，允仍以芜市移镇。镇商既绌于资，又乏团结，不允其请，芜市遂一成而不返。

辛亥九月，民军光复，镇商欣欣然以为脱满清专制之苛政，人人咸得所愿，莫若此时，遂议复开米市。先由米商林雨农、方铭耕、陈绍章、丁让卿等，具请议书于丹徒临时县议会，思以议会之力助之恢复。而镇商于小江之子与米商某有憾，散布传单，谓有奸商运动，复开米禁，议会议员幸勿为所动，否则将以黑将军从事。黑将军者，时俗谥手枪之号也。临时议会正议长杨子磐，见此传单，戒诸议员毋议此事，并嘱其戚韩某上书请议禁运米出口，于是此议遂中辍。

是年十二月，镇地商业日益疲敝，金融阻滞，百货不通。

米商与各业商人，以为欲救镇江市面，舍规复米市外无他策，复申前议于议会，镇地浮言亦稍息，遂以十二月十七日议决严订章程呈请江苏都督，公推诒徵主稿，廿日稿成，廿四日上之督府。适督府警务科长张鹏字倚云者在镇，诒徵及议员李寿籛仰彭述镇商困难之状于张，嘱其陈于都督。张至苏，遂促督府诸公批准，而财政司之主稿者难之，仅批"事属可行，其中有无窒碍及慎防流弊之法，仰丹徒民政长查复"。张见此批，争之。财政司曰："君亦督府中人，何不知办公之法，此事极有关系，讵可轻允其请，致都督独担其责乎！"张不得已，告诒徵及寿籛转嘱商人催民政长速复，而丹徒民政长杨邦彦与议会积不相能。督府公事至民政署，民政长延不查复。诒徵恐其事之缓而生变也，与李君商略要民政长及商会总理各商董至议会协议。

壬子正月七日，民政长挈实业科长王振文至会，集各商研究前呈章程有无流弊及窒碍之处，修改数条，于初九日呈复都督。各商以为势在必行，遂先举总理，定于十五日开籴。外埠米船亦闻风麇集，而芜湖及上海各米商知镇市之复，于彼不利，亟发电至大总统府、陆军部、江苏都督各处，谓镇江食米弛禁，轮船纷纷往运，米价骤腾，关系民食匪浅，请饬严禁。于是苏督遂出通电，禁止运米出口。镇商得耗，皇遽不知所以，乞诒徵与李仰彭出面争之。诒徵与仰彭以为此事发之南京，当先赴南京力争，然后赴苏。

十六日，乘汽车赴宁，挟赵君驭六书抵陆军部长黄兴，黄不在部。谒次长蒋作宾，蒋嘱与军需科科长林凤游面商。林允为发电至苏督。越日访张彬文质夫，询电文何若？张谓："部电未发。昨晤副官某，询两君颠末，疑为米商，故未允其请。"

诒徵与李君遂诣第三师团旅团长张斯麟仲书处，乞其函询蒋次长。越日，仍不得要领。诒徵与李君知陆军部之不愿为力，遂上书孙大总统，于十九日面谒孙君。孙谓："此系地方之事，须由苏都督主持，君等可上书苏督，某不惮取消前令。"诒徵等遂自宁乘夜车返镇，时正月十九也。

廿日早，闻民政长以苏督通电出示禁米出口。米船之在镇者，咸开至无锡市易。镇商开会，拟请民政长收回成命，而民政长已赴苏。于是公推诒徵及李君赴苏谒庄督，并推宋君中孚，胡君镈至苏，要求民政长为民请命。是夜同乘汽车赴苏，抵惠中旅馆，与民政长同寓。民政长见四人来，心滋不怿，然亦不得不允其请，遂偕诒徵同谒都督。适都督他出，遂至财政司晤副司长陈美南。陈故老吏，语极狡猾，诒徵与之辩难数十分钟而罢。

廿三日，民政长先入城，约诒徵与李君午后齐集于财政司，诒徵与李君至财政司，而杨不在，遂晤司长王丹揆，畅论米市之事。王谓此事之阻力，在江宁财政公所，抽收芜湖米厘，须俟江宁不收米厘，方可议镇江开市之事。诒徵力持其说，王公人极诚悍，颇道歉仄之意，乞诒徵等原谅。是时，民政长在都督招待处，候诒徵等偕谒都督。因诒徵等与王公久谈，遂先谒都督，不知其语何若？及诒徵等由财政司赴招待处，杨已谒都督而出。见诒徵等即摇首相告曰："米市恐不能成。"言外并有得意之状。

诒徵与李君复投刺都督。都督延入会客室，而迟久不至，遗仆来告，谓"有要事不克见。已邀秘书刘君伯宗与二君面谈"。俄顷刘至，先阅诒徵等所上手折，即谓此事实无不可行之理。不但此省至彼省不当禁，即此国至彼国，按之经济学理，亦无可禁之理。然目前人民程度不齐，不能家喻而户说。一旦开禁，恐不但各地从而反对，即镇江一般人民亦不以为然。诒徵等力辟其说，请其据情转告都督，刘允为转达，遂兴辞而出。

越日民政长回镇，朱胡二君持民政长介绍书谒都督。复至财政司，晤庶务某君，所言与前诸人大致相同。

廿五日，诒徵与朱、胡、李三君复入城，至财政司，王公适至省议会，废然而返。是晚，镇江来电，促诒回镇。诒徵以兹事未得究竟，复电约翌日回。

廿六日早，复偕三君及陈宜甫至财政司，谒王丹揆君。王谓此事必须与江宁财政公所商妥，方可批准，公等姑俟数日，此间当发信至江宁商之。诒徵等要其批示，王允翌日午后阅批。胡、李二君留苏候批，诒与朱君遂乘快车回镇，廿八日胡、李二君来镇，出督批，仍从缓议。众商及苦力者闻之，咸大失望。

卅日，有众数百人至省议员陈庆年家，责陈知家乡商务之疲敝，而不赞成请开米市之事。陈适新自苏返，出手书示众，盖陈在苏时已致书庄督请其速开米市，而众未之知也。

二月初一，商界开会，举代表十余人入城谒民政长，乞其再赴苏请命。民政长见众论如是，慨然对众自任要求开市之事，如不得请，决不回丹徒民政署，众情大悦。复约陈庆年、吴佐卿及诒徵等诸人同往，遂定于初二日午后赴苏。是日民政长及陈、吴诸君，乘舆赴车站，送者塞途。汽车始开，沿铁道之送行者数千人，手执欢送之旗，鸣爆竹致敬，直至车过宝盖山穴道始已。晚抵苏州，民政长寓惠中旅馆，予与朱中孚、王少卿、李仰彭、陈宜甫寓苏台旅馆。米商方铭耕、林雨农、陈绍章、丁让卿，广帮代表梁仲伟、郭逸卿寓吴郡中西旅馆。陈善余、吴组青寓永源旅馆，皆阊门外最大之旅馆也。

苏州自光复以来，兵不血刃，士女醕嬉，服物华靡，阊门外鸭蛋桥一带，尤为胜地。女闾栉比，剧场相望。选色征歌，金迷纸醉。游斯土者，鲜不乐而忘返，几不知今日南北尚未统一，兵事尚有绝大之危险。而是时省议会开临时会已十日，六十县之议员咸萃于是。议员之为民政长者，尤趾高气扬，不可一世。议会重大之案，绝不过问，第日招邀朋侣，酒食征逐，继以赌博冶游。予观其气象，窃已心焉忧之。盖是时唐总理甫南下，各处谣诼纷起。陆军总长黄兴连为刺客所侦，误伤副官，讫未得行刺者之主名。而参议院争执国务员多日，并未发表。南中军饷，月支八百余万，财政部仰屋而嗟，一筹莫展。时局之危，更甚于去岁。而江皖各地告灾者，尤惨不忍闻。自清江以上，几于无一完全之户。有心人于此，宜其食不下咽，而诸议员民政长恬然不以为意，此即大乱之征也。

初三日入城谒财政司长王丹揆，询米厘事，云已取消。而镇江开市事，仍不能决。旋谒民政长沈信卿，争辩良久，仍以研究章程为言。询都督则已赴沪，怏怏而返。

初四日，同人约游范坟。予甫出寓，都督府以电话招予入城。因进城晤张倚云，知民政司询米市所用联单程式，允出城嘱诸商订之。旋至城外乘小舟追诸人，值之于中途，因雨阻，已罢范坟之约，改道向寒山寺，至则不过一新式房屋，了无丘壑可言。冒雨追舟，亟放棹回寓。初五复入城，谒沈信卿，沈不出，遣一陈姓科员招待，持联单式告沈，约二日后听信，复偕诸人谒马湘老，谈米市事，渠允代催沈公。予以中学事得快信及急电，急欲归镇。

初六日乘汽车返镇，知中校事为二三小人所攻击，并无其他重要之事。而乡民为周政齐一案，几至酿成大变，因留里中，为之调停。

周政齐者，裕隆洲乡董也。正月初二日，洲民擒盗贼五人，周命人枪毙之，弃其尸于江。洲民与周有衅者，发其事。议会议员吴廷障保珊为之介绍，请议于议会。议长杨君以其事之骇人听闻，亟请民政长、检察长严办。检察长立赴洲拘周至厅，讯明是案颠末，有积极理由六消极理由七，踌躇不能决。商之民政长，而周之兄名召齐者，前清拔贡举人，又举孝廉方正，与民政长交甚挚。民政长力主解脱周政齐之罪，而议会会长又得周在洲劣迹，连移三牍于民政署及检察厅。于是民政长告周曰："此事吾极愿为之解脱，奈议事会不从何？"议事会各事多由正议长主持，而诒徵性戆多言，外间多谓议会之事，悉诒徵一人为政。于是以怨议事会者归怨于诒徵一人。

正月杪，各乡乡董开会公议周政齐之事，欲得诒徵而甘心，有来家告密者，诒徵一笑置之。民政长之赴苏，一方面为请米市，一方面即为请免周政齐。盖以市恩于乡民，为推翻议会攻击诒徵之计，经都督府严词驳斥，其计不遂。而镇地又发现杨汉池一案。杨为高资乡董，亦有枪毙盗贼之事。检察长提之至城拘禁，于是乡民大哗，纠众至民政署、检察厅、议事会，要求释杨，并释周。声言如不得请，则将暴动，杨议长闻信避匿。乡民麇聚议会，声势汹汹，愈聚愈众。民政署各员亟电苏告民政长，而移文至检察厅，请将各董移押民政署，盖初六晚间之事也。

初七日早，乡民又至民政署、议事会，要求释放各董。民政署电苏，请都督准行，至午未得复电。予至议会，与各乡董殷森、何文伯等及军界代表明翼飞、民政署科长钱荫曾等协商解散之策。先由诒徵以个人之名义致书民政署，叙述各董要求各节，准予暂行保释，俟后再行归案讯结。民署据予一人之信，即释所拘留之人。乡民数百人蜂拥而去，寻苏电亦至。与予致书民政署之词略同，其事始息。而李君仰彭以急电促予赴苏，遂乘夜车赴苏。

初八早抵寓，闻李、朱、王诸君告予以民政长在民政司告讦议事会梗概。大旨以周政齐之案，为议会所误，将请都督解散议会。而提法司谓议会及检察厅均无过误，其事始寝。予闻其说，亦漫置之。傍午，复偕诸人至都督府，晤沈信卿询米市事，而沈以众之渎请，意极不怿。屡言此间不受人之迫胁，公等各有职事，宜即回里，留一二人在此候订章程。众见其言之峻，众起争论，约一小时许，始罢去。午后，予偕陈宜甫谒马先生，乞其再向沈君催促，冒雨归寓。

初九日，复偕陈善余、杨振声至都督府谒马先生。马先生谓沈信卿告以丹徒诸人之来，其中大有手脚，益疑商人出钱运动。杨即应声曰："此说诚然。"镇人咸谓柳翼谋得三千元，陈善余亦颔之。予不愿与之争辩，而马先生亦未为所动，允仍向沈君催促。予以是知杨公之意，非推翻予不可。随在皆有借刀杀人之意，吁可畏矣。是时马先生即告予等城外苏军与警察交哄，刀伤警察，予等漫应之。寻出城，予告众商似倾所闻外间传述予得贿三千之事，众商大愤，争欲诘杨此语所自来，以杨与陈尚未出城，俟晚间再议。

傍晚，沭阳李君联庚约同李仰彭饮于新太和酒肆，谈次闻喧轰之声大起，知系兵警冲突，仍纵酒畅谈，至七时许归寓。适张倚云来寓谈米市事，未及廿分钟，为寓外枪声络绎不绝，众讶其枪有实子，不知何故。倚云谓此常事，不必过问，仍拉予至惠中旅馆访姜枕仙。枕仙新任丹阳民政长，来省数日，故张拉手访之。

至寓门而门已闭，不得出，但闻枪声愈近，倚云亦以为怪，欲发电话至都督府，而电话之线亦不通。张急上楼，欲凭窗观其变。楼上男妇老幼均仓皇惊扰，莫知所之。张亦不及凭窗，复偕予下楼。予寓楼下十四号，甫及户，而枪子已及寓门。门窗玻璃轰然破裂，如鱼鳞四下，乱兵已将排闼入。十四号室中，朱中孚、林雨农、王少卿、李仰彭均奔出，拔后户欲遁。予及陈少章恐为枪弹所中，急伏于地。仓遽中，闻仰彭呼予出走声，及寓中诸人奔避声，兵士皮履踏踏声，枪子击射声，同时并作，因亦急起偕少章奔出后户，追仰彭等人偕逃。寓后小巷两侧均有兵扼守，急切不得出。朱中孚先奔，为兵所执，厉声问朱何事逃走？朱亦厉声答之曰："我为寓客，汝等当尽保护之责，何得执我？"朱之言未毕，诸人急挈予奔出小巷，沿河行，闻四面皆枪声，知不可向大路，复循小径，曲折至一土山之下，顾视同行者，仅李、陈、林及予四人，王、朱均不知所往。

四人共谋避枪计，蜷伏土山之下。寻又有避至者，大抵惠中、利昌诸寓中人。山侧有人家小院，砖墙已倾缺，林、陈二君拟逾墙入小院，李君不可。已而闻枪声愈近，不得已相继逾墙，伏匿墙阴及桃树之下。

是时，风甚寒，继以小雨，衣履尽湿。延颈望天际，有火光倏起倏灭，相顾嗫不敢声。小院之前，为一缝工家，其家人有避匿者，亦潜伏于院中。俄顷，缝工家人尽出，谓兵已敲门欲入，予等争欲走避，顾侧有小门，拟拔关出，而门闩坚不可拔。众人情急，出死力抉门之板，板裂成齿，复极力抉其上下，才可容人出入，急自门洞相继出。复循小径前趋至一土山之下，四人者幸未相失，徘徊间见土山侧为人家院墙。墙根有一洞，亦可容身，陈君俯窥之，见其中院落甚广，顾谓予等，何不钻穴入此院。予亦俯窥，赞成其说，遂钻穴入。而李君体胖，不得入，林君从后推之，始得入。入则其中亦有人蜷伏瓦堆侧，见予等入，惊起，已而知为避难来者，即亦无拒意。予等遂相约枕瓦砾堆而卧，冀自后来者不之见。

时风雨已止，而夜晌半，寒甚，诸人竟以背相抵御寒，四面枪声仍隆隆不绝。予等卧久，起询此中人，知是院前为染坊。坊临大街，已为兵所劫。坊中人有匿屋中者，有匿院中者。院之右侧有两门，均执事于戏馆者之所居。予等以夜寒谋之染坊主人，欲暂入其屋中小憩。坊主人执不可。谓坊中已为兵劫掠者再，尚恐更有人入，故予等亦不敢居屋中，何况公等。予等不得已，至右侧人家门框之下，避风而立。

立久倾侧，其门勿开，见其中有小院，南北两屋均有灯光人影。予等以大院中寒甚，不待主人之认可，相挈入小院，据水盎而坐。主人在屋中，知予等人，亦不之诘。

久之，予等思吸烟，询何人身畔尚有此物，而林君藏雪茄一包，顾不能得火。李君弹指壁间，乞此屋中人赐火，屋中人始拒其请，继见其弹指不已，遂燃一火与之。于是四人者环坐吸烟，且藉火光觇时计，则时已一句余钟矣。

吸烟尽一支，又屏息坐良久，而兵士叩门欲入，予等踉跄趋出院外，偃卧墙角，屋中人亦奔出。有少妇抱幼子，惊惧无措，且泣且呼，予等戒是妇勿声，妇亦不听，已而见兵士持火至门侧，侦大院中动静。旋舍去，盖未见予等在墙隅偃卧也。

兵去少顷，屋中人复人，予等亦复入小院，闻枪声犹络绎不绝，又枯坐一时许，始觉枪声渐远渐稀。南屋中主妇轻启其扉，延予等入室，谓"皆在难中，不妨入室小坐，俟天明再行"。予等露立几尽夜，至是得入室处，据小机安坐，觉平生之乐无逾于此。

室中男妇三五辈，又杂以病人，呻吟之声及梦吃之声与屋外枪声，相间而作，予等亦不暇诘主人之姓氏职业。主人亦不敢燃灯，但坐卧于暗中，以意相示。

至三句钟许，枪声中断，李君仰彭鼻息齁然，已垂首而睡。予及林陈二君但闭目静坐，默等向晨归计。至四句余钟，屋外若有人来告，屋中人奔出，亦不敢大声疾呼，而其状若更惊骇于夜半兵士之来者。予等莫知所谓，亦急奔出，则半天烟焰飙起，火光自黑烟中喷出，人声枪声，嘈然并作。而天已大明，院中各物毕见。诸家之人，群集大院，争持箱箧，积瓦砾上。予见院在下风，火焰已及院墙，急约诸人出此院，又不敢自人家门户走出。复觅前入院之洞，则已为人所塞。林君首拾洞中瓦砾，予与陈、李诸君继之。洞复辟，林君先出，予自内推李君，林自外拉李君出，予及陈君继出。见院外初无一兵，冒险趋大路。大路亦无兵，回顾火光熊熊，势不可遏。遂不回寓，径趋火车站。

至中途，遇方铭耕、丁让卿、郭逸卿、梁仲伟，则自吴郡旅馆避火来者，询之，知吴郡遭劫掠不甚巨，方君等衣物略有损失。已而又遇朱中孚、王少卿自苏台来，云苏台之兵劫掠四五次。王避匿寓后墙隅，至夜半始返。朱则初次值兵士，欲搜其身。朱谓"予与君同胞，君等不可无礼。予之衣物可取，不可搜检吾身"。兵士以枪吓之，朱厉声曰："汝以枪吓予，予亦可以枪毙汝，予何畏汝哉？"众兵见其如此，转慰藉之，不加搜索，争至各屋掳掠钱物。

朱君失去马褂一、水烟筒一、皮鞋一双；予失去棉袍一、马褂一；李君失去皮包一；王君失去袍褂一身。朱君至夜半贼去，复检取所余之物，与王君藏之僻处，遂登楼卧。卧未久，闻火起，遂出走。予等咸幸同人未及于难，亦不暇计失物事。

至车站一时许，诸知好陆续奔集，陈善余、吴左卿、陈宜甫、杨振声、叶杏杉、姜枕仙、陈传君咸无恙。问其避难之状况，可发大噱。左卿与杨民政长偕江都民政长汪彝伯，江都议员梁炎、周谷人，泰州议员凌文渊，以初九夕赴土娼金香阁家斗牌，闻变则灭烛以待。嗣闻兵士叩门，汪、吴、梁、凌、周五人咸出走，挈雏妓四，避匿人家照壁墙后，而杨民政长避于灶下草间。迨兵去，诸人复返妓家。杨遂高卧，拥雏妓自温。梁亦觅一榻，解袜酣眠。及火起，梁、凌、周等赴留园。汪、吴、杨则赴车站。吴故与陈善余同寓，吴终夜不归，陈坐守之。闻枪炮声战栗不已，幸永源系小客寓，且在僻巷内，仅一兵至其中掳掠。后至者敲门不得入而去，故未失物。

汪寓利昌，与梁、凌、周等比户，梁之衣物均无恙，汪则损失极巨。盖去岁民军光复时，汪自江宁以家具移至上海。顷，始由上海携至苏，拟俟省会闭会后返扬，至是劫掠一空，据云所失约八九百金。杨寓惠中，衣物亦均失去。

陈宜甫、叶杏杉、姜枕仙三人在大观茶园观剧，甫开幕，而兵士轰然而出，姜等不知其故，责园主何以停演。语未毕，而枪声大震，遂偕奔至利昌。入门，而兵已踵至，遂分道登楼。陈宜甫由楼窗跃至人家屋上，姜枕仙由楼窗夤缘入复壁，叶杏杉为兵所拘，劫其眼镜、金表、马褂而去。姜闻人声稍定，自复壁出，而二次兵士又至，劫其马褂、皮袍。姜与之龃龉，几至殒命。宜甫卧于屋上，见他处有火光，又下屋入他室。至天明，三人者始会集，取间道，走留园，借川资。而姜枕仙之衣物在惠中者，为其仆先投之于厕所草间，幸得全。陈传君亦在利昌，遇兵至，出楼窗登屋，屋上流弹如雨，陈恐为所中，乃僵卧，以屋瓦蔽面，其窘状盖可想。

诸人毕集之后，陈绍章以行人言火势已熄，复乘人力车返客寓一视，为予检取兵劫残物套裤、夹裤、棉套裤、棉背心、披风、包袱、破书二本、烟管一，累累然携至车站。予见之大乐。栈主寓客均叱咤，莫可如何。张倚云之洋式毡帽，亦为兵攫去，相见之余，太息而已。

十句钟开车，间有自城中来乘车者，询城中作何布署，云："夜间惟闭门坚守，今晨阊门亦未开。"都督府之无人，于此可见。午后一时抵镇，乘肩舆回家，述此事颠末与家人，家人大骇。予则自喜，咏老杜生还今日事之句，纵酒至醉，酣卧竟夕。

十一日发书辞议事会副议长事，兼辞教育会长及中学校长事。

记杨铨

—— 日记摘录

曾符按：杨铨，字杏佛，江西临江人。因与宋庆龄、鲁迅等组织"中国民权保障同盟"，从事民主活动，于一九三三年六月在上海被国民党特务暗杀。先祖柳诒徵（翼谋）与杨先生尝同事于东南大学，意气相投，遂为密友。及东大发生易长风潮，先祖与杨先生共同反对旧校长郭秉文，一时人号"杨、柳、胡（敦复）、萧（叔绚）"。先生被刺死，先祖既挽以诗，中国科学社公祭杨先生时，先祖又为文以哭之。顷捡先祖是年六月十八日记，复有先祖自记与先生交往及东大风潮始末事甚详，因具录之，亦学林之掌故也。

王毅侯电告杨杏佛在沪被刺已死，为之大惊，购晚报阅之信然。哀哉！

杨杏佛，赣人，祖父均为盐官居扬州，故其语言类江苏人，无赣音也。母为侧室。有一兄居浙。妇曰赵志道，常州赵凤昌之女也。子曰阿旅，今名小佛。次子某，其妇离婚后始生，予未之见。杏佛体素弱，有肺病，面多痘瘢，人呼为"杨麻子"。性聪颖，能为诗，中西之学，涉猎颇广。初为中国公学学生，后之唐山学工程，皆不竟其业。游学美国归，为南京高等师范商科教员，予初识之，未之奇也。庚申（一九二〇年）郭秉文倡议改高等师范为东南大学，杏佛与予并推为筹备员。每会议，往往以片语解纠纷，且温雅喜与学者接近，予始稍稍异其为人。郭初属杏佛在沪创办商科，以事不相得，仍令回宁教于工科，杏佛由是与郭有衅，郭恒欲挤之使去。癸亥（一九二三年）郭将赴美考察，属刘伯明代理校长，阴属刘解其聘约。杏佛侦知之，至沪质郭，郭矢言无此意，杏佛归告刘，刘亦温语慰之，杏佛遂教于工科。郭衔之愈甚。甲子（一九二四年）以经费不敷议裁工科，裁工科所以屏杏佛也。以一人之故而牺牲一科之师生，知者咸不直郭。郭持之力，不请于教育部，以江苏督军省长之命率裁工科。而是夏裁科之议未决时已与杏佛立聘约，杏佛遂仍为东南大学教授，不教书而往来于宁沪。民国初元，杏佛即入国民党，有职于临时政府，故与党人稔。会苏浙齐卢战起，国民党不慊于齐燮元，欲从沪起事。杏佛于其间奔走甚力，卒无所成。乃航海之京津，谋通孙、段之邮。段祺瑞时执政，迎孙中山至天津。孙至天津而病，翌年入京，卒于医院。杏佛与党人为之治丧已，乃至宁设葬事筹备处，翼戴孙夫人及孙哲生，孙等颇倚之。而东南大学之风潮亦以杏佛为主因。杏佛之入京，与秦汾马叙伦等商斥郭秉文。马叙伦时长教育部，以胡敦复易郭秉文，郭党大哗，出死力抗部令。胡到校，拥郭者群殴之。至章士钊长教育部又以执政之命任命胡敦复。而郭党游说韩国钧、郑谦，坚不承胡，以蒋维乔代理校长。杨宇霆为江苏督军时知郭党之为，欲逐蒋而延胡，而孙传芳起兵逐宇霆，宇霆狼狈走。蒋遂代理校长，至丁卯（一九二七年）春，与孙同仆焉。杏佛以倒郭拥胡为世指目，借筹备葬事为名仍居南京，以伺其变。丙寅（一九二六年）号召科学社开会于广州，预定国民军北伐时改造东南大学。蔡元培自欧游归国，与杏佛契，杏佛遂隐负教育界一时众望。丁卯（一九二七年）春国民军入江苏，定都南京，蔡以中央教育会委员被命为大学院院长，杏佛副之。改东南大学为第四中山大学，数易其名。行大学区制，以张乃燕为江苏大学区之大学校长。张与蔡、杨复不协。政府中人多忌杏佛，设计使蔡易张，张不屈。蔡与杏佛乃辞大学院，别组中央研究院研究学术，不涉政治焉。杏佛初与胡敦复、明复、刚复交甚笃。以东南大学事与敦复、刚复浸疏，独心折明复。明复以丁卯（一九二七年）夏死于水，杏佛甚哀之，为营公墓于西湖烟霞洞，召科学社同人会葬焉。

杏佛妇性凶悍，积怨多年。庚午（一九三〇年）秋，妇于沪上广座中辱詈之。杏佛因议与妇离婚，辛未（一九三一年）春遂分居，以月薪之半赡妇，居恒仍往来不绝。壬申（一九三二年）冬杏佛过予山馆，缕缕述其对妇情义。予自是遂未睹其面矣。杏佛喜驰马，恒缚袴作武士装，驰骋城野间。为人作书，亦秀逸有致。在东南大学时与予踪迹甚密。甲子（一九二四年）、乙丑（一九二五年）间予缘杏佛负重谤走关外，至丁卯（一九二七年）两人者皆返宁，余主盍山故书，杏佛持全国教柄，不恒晤。间从之饮酒浪游，不涉政事，故杏佛近年于党国之关系，非予所知。辛未（一九三一年）以后，杏佛亦不常居宁，踪迹诡异，道路风说，述杏佛之为，多出恒情之外。然杏佛偶见予谈哲理及其持身待人之道，亦多可取。不意其境止于斯，且以奇祸毕命也。

（《劬堂学记》）

柳诒徵

自述

第二编

学术次第与主张

《中国文化史》弁言

往玷学校讲席，草创文化史稿，管窥蠡测，无当万一，未敢以问世也。吴君雨僧猥附之学衡社友论撰，缪赞虞、张晓峰诸子设钟山书局，复因中华纸版印布千部，蜀中又有线装本及缩印本，转相流布。复视之，恒自愧汗，不足语于述作。既病懒，复牵迫他务，不克充其意增削之，良惧传播之误学者。顾是稿刊布后，梁新会有纵断之作，才成一二目，未竟其绪。王君云五复鸠各作家分辑专史，所辑亦未赅备，且分帙猥多，只可供学者参考，不便于学年学程之讲习。又凡陈一事，率与他事有连，专治一目者，必旁及相关之政俗，苟尽芟重复，又无以明其联系之因果，此纵断之病也。他坊肆有译籍及规仿为之者，率不餍众望。荏苒迄今，言吾中国文化，盖尚未有比较丰约适当之学校用书。吴君士选乃为正中书局订约复印是稿，且属再为弁言。嗟乎！此复酱瓿之本，阅廿年无进境，尚安足言！无已，姑仍其管蠡言之。

史非文学，非科学，自有其封域。古之学者治六艺，皆治史耳。故汉志有六艺，不专立史目。刘宋以史俪文、儒、玄三学，似张史学，而乙部益以滋大。顾儒学即史学，而玄又出于史，似四学之并立未谛。近世学校史隶文科，业此而隽其曹者称文学博士，名实诡矣。西国史籍之萌芽，多出文人，故以隶文科，与吾国邃古以来史为政宗异趣。近人欲属之科学，而人文与自然径庭，政治、经济、社会诸学皆产于史，子母不可偶，故吾尝妄谓今之大学宜独立史学院，使学者了然于史之封域非文学、非科学，且创为斯院者，宜莫吾国若。三二纪前，吾史之丰且函有亚洲各国史实，固俨有世界史之性。丽、鲜、越、倭所为国史，皆师吾法。夫以数千年丰备之史为之干，益以近世各国新兴之学拓其封，则独立史学院之自吾倡，不患其异于他国也。

吾国圣哲遗训曰：立天之道曰阴与阳，立地之道曰柔与刚，立人之道曰仁与义。持仁义以为人，爰以参两天地，实即以天地之道立人极，故曰天地之道，博也，厚也，高也，明也，悠也，久也。博厚配地，高明配天，悠久无疆。又曰：惟天下之至诚，为能尽其性；能尽其性，然后能尽人之性；能尽人之性，然后能尽物之性；能尽物之性，则可以赞天地之化育；可以赞天地之化育，则可以与天地参矣。人之性根于天地，汩之则日小，而人道以亡；尽之则无疆，而人道以大。本之天地者，极之参天地，岂惟是营扰于物欲，遂足为人乎！故古之大学明示正鹄，曰明明德，曰新民，曰止于至善。立学校，非以为人之资历，为人之器械也。又申之曰：古之欲明明德于天下者，先治其国，欲治其国者，先齐其家；欲齐其家者，先修其身；欲修其身者，先正其心；欲正其心者，先诚其意；欲诚其意者，先致其知；致知在格物。又曰：自天子以至于庶人，壹是皆以修身为本。庶人修其身,不愧天子;天子不修其身,不足侪庶人。此是若何平等精神!而其大欲在明明德于天下,非曰张霸权于世界,攫政柄于域中也。彝训炳然,百世奉习,官礼之兴以此,文教之昌以此。约之为史,于是迁、固之学为儒之别子史之祖构者,亦即以此。迁之言曰:"夫学者载籍极博,犹考信于六艺。"又曰:"究天人之际,通古今之变,成一家之言。"固之言曰:"修六艺之术,观九家之言,舍短取长,可以通万方之略矣。"又曰:"凡《汉书》叙帝皇,列官司,建侯王。准天地,统阴阳,阐元极,步三光。分州域,物土疆,穷人理,该万方。纬《六经》,缀道纲,总百氏,赞篇章。函雅故,通古今,正文字,惟学林。"呜呼!吾圣哲之心量之广大,福吾族姓,抚有土宇,推暨边裔,函育万有,非史家之心量能禽受其遗产,恶足以知尽性之极功。彼第知研悦文藻,标举语录,钻索名物者,盖得其偏而未睹其全。而后史之阘冗,又缘政术日替,各族阑入,虽席圣哲之余绪,而本实先拨。顾犹因其服习之久,绵绵然若存若亡,而国史、方志、文儒之传记,得托先业而增拓其封畛焉。吾之谫劣,固不足以语史,第尝妄谓学者必先人其心量以治吾史,进而求圣哲、立人极、参天地者何在,是为认识中国文化之正轨。徒姝姝暖暖于一先生之言,扣槃扪籥,削足适履,则所谓不赅不备一曲之士耳。

虽然,世运日新,吾国亦迈进未已,后此之视吾往史,殆不过世界史中之一部域,一阶程,吾人正不容以往史自囿。然立人之道,参天地,尽物性,必有其宗主,而后博厚高明可推暨于无疆。故吾往史之宗主,虽在此广宇长宙中,若仅仅占有东亚之一方,数千祀之短晷,要其磊磊轩天地者,固积若干圣哲贤智创垂赓续以迄今兹，吾人继往开来，所宜择精语详，以诏来学，以贡世界，此治中国文化史者之责任。而吾此稿之择焉不精语焉不详之不足副吾悬想，即吾所为复视而愧汗者也。迁《史》曰："述往事，思来者。"吾岂甘为前哲之奴，正私挟其无穷之望，以企方来之宗主耳！

（《中国文化史》）

《中国文化史》绪论

历史之学，最重因果。人事不能有因而无果，亦不能有果而无因。治历史者，职在综合人类过去时代复杂之事实，推求其因果而为之解析，以昭示来兹，舍此无所谓史学也。人类之动作，有共同之轨辙，亦有特殊之蜕变。欲知其共同之轨辙，当合世界各国家、各种族之历史，以观其通；欲知其特殊之蜕变，当专求一国家、一民族或多数民族组成一国之历史，以觇其异。今之所述，限于中国。凡所标举，函有二义：一以求人类演进之通则，一以明吾民独造之真际。盖晚清以来，积腐襮著，综他人所诟病，与吾国人自省其阙失，几若无文化可言。欧战既辍，人心惶扰，远西学者，时或想象东方之文化，国人亦颇思反而自求。然证以最近之纷乱，吾国必有持久不敝者存，又若无以共信。实则凭短期之观察，遽以概全部之历史，客感所淆，矜馁皆失。欲知中国历史之真相及其文化之得失，首宜虚心探索，勿遽为之判断，此吾所渴望于同志者也。

吾书凡分三编：第一编，自邃古以迄两汉，是为吾国民族本其创造之力，由部落而建设国家，构成独立之文化之时期；第二编，自东汉以迄明季，是为印度文化输入吾国，与吾国固有文化由抵牾而融合之时期；第三编，自明季迄今日，是为中印两种文化均已就衰，而远西之学术、思想、宗教、政法以次输入，相激相荡而卒相合之时期。此三期者，初无截然划分之界限，特就其蝉联蜕化之际，略分畛畔，以便寻绎。实则吾民族创造之文化，富于弹性，自古迄今，绵绵相属，虽间有盛衰之判，固未尝有中绝之时。苟从多方诊察，自知其于此见为堕落者，于彼仍见其进行。第二、三期吸收印欧之文化，初非尽弃所有，且有相得益彰者焉。

中国文化为何？中国文化何在？中国文化异于印、欧者何在？此学者所首应致疑者也。吾书即为答此疑问而作。其详具于本文，未可以一言罄。然有一语须先为学者告者，即吾中国具有特殊之性质，求之世界无其伦比也。夫世界任何国家之构成，要皆各有其特殊之处，否则万国雷同，何必特标之为某国某国？然他国之特殊之处，有由强盛而崩裂者，有由弱小而积合者，有由复杂而涣散者，事例綦多。而求之吾民族、吾国家，乃适相反。此吾民所最宜悬以相较，藉觇文化之因果者也。

就今日中国言之，其第一特殊之现象，即幅员之广袤，世罕其匹也。世界大国，固有总计其所统辖之面积广大于中国者，然若英之合五洲属地，华离庞杂号称大国者，固与中国之整齐联属，纯然为一片土地者不同。即以美洲之合众国较之中国，其形势亦复不侔。合众国之东西道里已逊于我①，其南北之距

———————
① 中国东至西凡六十度五十五分，美国东至西凡五十七度三十九分。

离则尤不逮①。南北距离既远，气候因以迥殊。其温度，自华氏表平均七十九度以至三十六度，相差至四十余度。其栖息于此同一主权之下之土地上之民族，一切性质习惯，自亦因之大相悬绝。然试合黑龙江北境之人与广东南境之人于一堂，而叩其国籍，固皆自承为中国之人而无所歧视也。且此等广袤国境，固由汉、唐、元、明、清累朝开拓以致此盛。然自《尧典》、《禹贡》以来，其所称领有之境域，已不减于今之半数。

《书·尧典》:"分命羲仲，宅嵎夷，曰旸谷。""申命羲叔，宅南交。""分命和仲，宅西，曰昧谷。""申命和叔，宅朔方，曰幽都。"②

《禹贡》:"东渐于海，西被于流沙，朔南暨声教，讫于四海。"

圣哲立言，恒以国与天下对举。

《老子》:"以正治国，以奇用兵，以无事取天下。""大国者下流，天下之交。"

《大学》:"古之欲明明德于天下者，先治其国。""国治而后天下平。"

---

① 中国南至北凡三十八度三十六分，美国南至北凡二十四度二十六分。

② 今人多疑《尧典》为儒家伪造，不可尽信。然《墨子·节用篇》:"昔者尧治天下，南抚交趾，北降幽都，东西至日所出入，莫不宾服。"足见《尧典》所言国境非儒家臆造之语。即使此等境界，为儒、墨两家想象之词，初非唐、虞时事实，亦可见春秋之末，战国之初之人，已信吾国有此广大领域也。

此虽夸大之词，要必自来所见，恢廓无伦，故以思力所及，名曰"天下"。由是数千年来，治权时合时分，而国土之增辟初无或间，今之拥有广土，皆席前人之成劳。试问前人所以开拓此天下，抟结此天下者，果何术乎？

第二，则种族之复杂，至可惊异也。今之中国，号称五族共和，其实尚有苗、傜、僮诸种，不止五族。其族之最大者，世称汉族。稽之史策，其血统之混杂，决非一单纯种族。数千年来，其所吸收同化之异族，无虑百数。春秋战国时所谓蛮、夷、戎、狄者无论矣，秦、汉以降，若匈奴，若鲜卑，若羌，若奚，若胡，若突厥，若沙陀，若契丹，若女真，若蒙古，若靺鞨，若高丽，若渤海，若安南，时时有同化于汉族，易其姓名，习其文教，通其婚媾者。外此如月氏、安息、天竺、回纥、唐兀、康里、阿速、钦察、雍古、弗林诸国之人，自汉、魏以至元、明，逐渐混入汉族者，复不知凡几。

《汉书》："金日磾，字翁叔，本匈奴休屠王太子也。"

《晋书》："卜珝，字子玉，匈奴后部人也。""段匹磾，东郡鲜卑人也。""乔智明，字符达，鲜卑前部人也。"[1]

《通志·氏族略》："党氏本出西羌。"

《唐书》："王世充，字行满，本姓支，西域胡人也。""李怀仙，柳城胡人也。""哥舒翰，突骑施首领哥舒部落之裔也。""代北李氏，本沙陀部落。""王武俊，契丹怒皆部落也。""李光弼，营州柳城人，其先契丹之酋长。""李怀光，

---

[1] 元魏以后，鲜卑人之化为汉族者，不可胜数。

勃海靺鞨人也。""高仙芝，本高丽人。""王毛仲，本高丽人。""高崇文，其先渤海人。""姜公辅，安南人。""史宪诚，其先出于奚虏。""李宝臣，范阳城旁奚族也。"

《通志》："支氏，其先月支胡人也。""安氏，安息王子入侍，遂为汉人。""竺氏，本天竺胡人。"

《元史》："昔班，畏吾人。""余阙，唐兀人。""斡罗思，康里氏。""杭忽思，阿速人。""完者都，钦察人。""马祖常，世为雍古部。""爱薛，西域弗林人。"（此类甚多，姑举以示例）

《日知录》卷二十三："《章邱志》言：洪武初，翰林编修吴沈奉旨撰《千家姓》，得姓一千九百六十八，而此邑如'术'、如'佀'，尚未之录①。今访之术姓，有三四百丁，自云金丞相术虎高琪之后②。盖二字改为一字者。而撰姓之时，尚未登于黄册也。以此知单姓之改，并在明初以后。而今代山东氏族，其出于金、元之裔者多矣。""永乐元年九月庚子，上谓兵部尚书刘儁曰：'各卫靺鞨人多同名，宜赐姓以别之。于是兵部请如洪武中故事，编置勘合，赐给姓氏。'③从之，三年七月，赐把都帖木儿名吴允诚，伦都儿灰名柴秉诚，保住名杨效诚，自此遂以为例。"

凡汉族之大姓，若王、若李、若刘者，其得氏之始，虽恒自附于中国帝王，实则多有异族之改姓。其异族之姓，如金、

---

① 《广韵》"佀"字下注云："齐大夫名。"
② 原注。土人呼术为张一反，按金史术虎汉姓曰董，今则但为术姓。
③ 按洪武中勘合赐姓，《实录》不载，惟十六年二月，故元云南右丞观音保降，赐姓名李观。又《宣宗实录》：丑间洪武二十一年来归，赐姓名李贤。

如安、如康、如支、如竺、如元、如源、如冒者，在今日视之，固亦俨然汉族，与姬、姜、子、姒若同一血统矣。甄克思有言："广进异种者，其社会将日即于盛强。"

《社会通诠》（甄克思）："世界历史所必不可诬之事实，必严种界，使常清而不杂者，其种将日弱而驯致于不足以自存。广进异种者，其社会将日即于盛强，而种界因之日泯。此其理自草木禽兽以至文明之民，在在可征之实例。孰得孰失，非难见也。……希腊邑社之制，即以严种界而衰灭，罗马肇立，亦以严种界而几沦亡。横览五洲之民，其气脉繁杂者强，英、法、德、美之民，皆杂种也。其血胤单简者弱，东方诸部，皆真种人矣。"

顾欧陆诸国，虽多混合之族，而其人至今犹严种界，斯拉夫、条顿、日耳曼之界，若鸿沟然。而求之吾国，则"非族异心"之语，"岛夷索虏"之争，固亦时着于史，如：

《左传》成公四年："史佚之《志》有之曰：非我族类，其心必异。"

《通鉴》卷六十九："宋魏以降，南北分治。南谓北为索虏，北谓南为岛夷。"

而异族之强悍者，久之多同化于汉族，汉族亦遂泯然与之相忘。试问吾国所以容纳此诸族，沟通此诸族者，果何道乎？

第三，则年祀之久远，相承勿替也。世界开化最早之国，曰巴比伦，曰埃及，曰印度，曰中国。比而观之，中国独寿。

《西洋上古史》（浮田和民）："迦勒底王国，始于公元前四千年以前，至一千三百年而亡。亚述[①]兴于公元前一千三百年，至六百零六年而亡。巴比伦兴于公元前六百二十五年，至五百三十八年，为波斯所灭。……埃及旧帝国兴于公元前四千年，中帝国当公元前二千一百年，新帝国当公元前一千七百年，至五百二十七年，为波斯所灭。"

《印度五十年史》（高桑驹吉）："印度吠陀时代，始于公元前二千年，公元后七百十四年，为回教徒所征服。"

中国历年之久，姑不问纬书荒诞之说。

《春秋元命苞》："天地开辟，至春秋获麟之岁，凡二百七十六万岁。"

即以今日所传书籍之确有可稽者言之，据《书经·尧典》，则应托始于公元前二千四百年；据龟甲古文，则作于公元前一千二百年；据《诗经》，则作于公元前一千一百年，至共和纪元以后，则逐年事实，皆有可考，是在公元前八百四十一年。汉、唐而降，虽常有异族入主之时，然以今日五族共和言之，则女真、蒙古、满洲诸族，皆吾中国之人。是即三、

---

① 即亚西里亚。

四千年之间，主权有转移，而国家初未亡灭也。并世诸国，若法、若英、若俄，大抵兴于梁、唐以后，即日本号称万世一系，然彼国隋唐以前之历史，大都出于臆造，不足征信。则合过去之国家与新兴之国家而较之，未有若吾国之多历年所者也。试问吾国所以开化甚早、历久犹存者，果何故乎？

答此问题，惟有求之于史策。吾国史籍之富，亦为世所未有。今日所传之正史，共计三千五百四十三卷：《史记》一百三十卷，西汉司马迁撰。《汉书》一百二十卷，东汉班固撰。《后汉书》一百二十卷，宋范晔撰①。《三国志》六十五卷，晋陈寿撰。《晋书》一百三十卷，唐房玄龄等撰。《宋书》一百卷，梁沈约撰。《南齐书》五十九卷，梁萧子显撰。《梁书》五十六卷，唐姚思廉撰。《陈书》三十六卷，唐姚思廉撰。《魏书》一百三十卷，北齐魏收撰。《北齐书》五十卷，唐李百药撰。《周书》五十卷，唐令狐德棻等撰。《隋书》八十五卷，唐魏徵等撰。《南史》八十卷，唐李延寿撰。《北史》一百卷，唐李延寿撰。《旧唐书》二百卷，晋刘昫等撰。《新唐书》二百五十五卷，宋欧阳修、宋祁撰。《旧五代史》一百五十二卷，宋薛居正等撰。《新五代史》七十五卷，宋欧阳修撰。《宋史》四百九十六卷，元脱脱等撰。《辽史》一百十六卷，元脱脱等撰。《金史》一百三十五卷，元脱脱等撰。《元史》二百十卷，明宋濂等撰。《新元史》二百五十七卷，民国柯劭忞撰。《明史》三百三十六卷，清张廷玉等撰。

自《隋书·经籍志》以下，史部之书，每较经、子、集为多：

---

① 内《续汉志》三十卷，晋司马彪撰。

《隋书·经籍志》

六艺经纬	六二七部	五三七一卷
史部	八一七部	一三二六四卷
子部	八五三部	六四三七卷
集部	五五四部	六六二二卷
道佛	二三二九部	七四一四卷

《旧唐书·经籍志》

经录	五七五部	六二四一卷
史	八四〇部	一七九四六卷
子	七五三部	一五六三七卷
集	八九二部	一二〇二八卷
释道书	二五〇〇部	九五〇〇卷

《新唐书·艺文志》

经	五九七部	六一四五卷
史	八五七部	一六八七四卷
子	九六七部	一七一五二卷
集	八五六部	一一九二三卷

《宋史·艺文志》

经	一三〇四部	一三六〇八卷
史	二一四七部	四三一〇九卷
子	三九九九部	二八二九〇卷
集	二三六九部	三四九六五卷

《明史·艺文志》

经	九四九部	八七四六卷

史	一三一六部	二八〇五一卷
子	九七〇部	三九二一一卷
集	一三九八部	二九九六六卷

清《四库书目》

经	六九四部	一〇二六〇卷
史	五六三部	二一九四一卷
子	九〇七部	一七八九六卷
集	一二七七部	二九二五四卷

然经、子、集部，以至道、释二藏之性质，虽与史书有别，实亦无不可备史料。其第以编年纪事，及纪、传、表、志诸体为史书之界限者，初非深知史者也。世恒病吾国史书为皇帝家谱，不能表示民族社会变迁进步之状况，实则民族社会之史料，触处皆是，徒以浩穰无纪，读者不能博观而约取，遂疑吾国所谓史者，不过如坊肆纲鉴之类，止有帝王嬗代及武人相斫之事，举凡教学、文艺、社会、风俗以至经济、生活、物产、建筑、图画、雕刻之类，举无可稽。吾书欲祛此惑，故于帝王朝代，国家战伐，多从删略，惟就民族全体之精神所表现者，广搜而列举之。兹事体大，挂漏孔多，姑发其凡，以待来哲尔。

（《中国文化史》）

《国史要义》题辞

漂泊西南，窃禄国校，无以诏士，爰为是书，钩稽群言，穿穴二氏，根核六艺，渊源古礼，发皇迁固，踵蹑刘章，下迨明清，旁览域外，抉摘政术，评骘学林，返溯古初，推暨来叶，汲深绠短，未敢自信，庸付手民，以质有道。出版以来，广布南朔，亦越数年，未遭砭订，今年夏秋，乃获闿示，粤秀吴生，黄冈熊叟，远道诒书，不吝是正，知我罪我，幸得亲承，荡垢涤瑕，仍有盼于来哲矣。

辛卯七月劬堂自识

（《国史要义》）

《魏源师友记》序

辑先哲师友渊源为一书，其体类儒家之学案，史家之纪事；其远源则自《庄子·天下篇》、《史记》之《仲尼弟子列传》、《孟子荀卿列传》来。镜老先之声气，勖来学之景行，谊至巨也。默深魏先生，声名被天下，遗书行世久。李子日涛，复就其同时巨公、长者、魁儒、畸士之遗文琐记与先生有连者，萃为此书，使世知先生负经世才，小试于牧令，不获敷施蕴蓄百一，而平生辈流，沆瀣笙盘，引重之呕，昭然可睹。于以使海内诵先生书者，益深兴起向往之忱，夫岂廛廛乡里诵法云尔哉。先生晚居乌龙潭上，榜门曰"小卷阿"，与陶文毅创建之"惜阴书院"今图书馆址衡宇相望。馆右三民中学，故曾文正祠，最初为文毅之博山园，皆先生綦履所熟经也。李子教授大中学有年，暇辄诣山馆，发藏书，钩稽诸家撰著，时时踯躅邅回钵山、龙潭间，想见先生遗风。岂先生昔日卜居，隐与山馆有缘，待李子而发邪？余近购"小卷阿"小圃地，拟建"古微亭"以怀先生。李子属稿竟，督弁之，谨为撮序其概，备掌故称述焉。

丁丑夏五月朔　镇江柳诒徵

（《魏源师友记》）

中国文化西被之商榷

中国文化之传播于欧洲，远起元明，至清代而递演递进。原书译籍，靡国蔑有，盖西人之嗜学术，愈于吾人之趋势利。纵使中国国威坠失，民族陵夷，但令过去之文化有可研寻之价值，彼亦不惮致力于其残编蠹简、遗器剩物之中，不必以强国富民为鹄的也。例如纽曼之译《诗经》，刘贾克之译《书经》，比优之译《周礼》，夏威诺之译《史记》，以及夏德、斯坦因等之演究古史、搜举简书，皆在欧洲鼎盛之时，非以浮慕吾国地大物博而始欲学其学也。顾自欧战以后，研究东方文化之声，益高于前，其因盖有三端：一则交通进步，渐合世界若一国，昔之秦越肥瘠者，今则万里户庭。我之知彼者既增，彼之知我者亦应有相当之比例也。一则欧人国家主义、经济主义、侵略主义、社会主义、个人主义，既多以经验而得其缺点，明哲之士，亟思改弦更张，如患病者之求海上奇方，偶见其所未经服御者，不问其为参苓溲勃，咸思一嚅为快也。一则吾国之人对于国际地位，渐亦知武力金钱之外，尚有文化一途。前二者既自视歛然，无所贡献，所可位为野人之芹者，仅赖有此。闻他人之需要，亦亟谋自动之输将，如拟印行《四库全书》及津贴各国中国文化讲座之类，皆其发动之机也。

虽然，中国文化为何？中国文化若何西被？中国文化以何种输出于欧美为最重要？皆今日所宜先决之问题也。苟从自然趋势观之，吾人亦可不必深虑。盖以上述一二两点，加以彼都人士从来吸集中国书籍之历史，吾纵不为之谋，彼亦将尽量以取。俟其机缘既熟，则以晳种治学之眼光，自能判断吾国文化之异于彼族者何在，即彼族所当摄取于吾国文化之要点何在。如自由贸易然，不必采关税保护制度也。虽然，西方学者，固多好学深思旁搜博览之士。然其取求于吾国之文化者，实有数难，一则文字隔阂，非如彼之谐声易识。有志研索者，往往仅通浅易之文理，不能深造而博涉，小书零册，在吾等于刍狗，彼转视为上珍；而真正之中国文化，彼或未能了解焉。一则西人之来华者，以商人教士及外交官吏为多，而所接洽之华人，亦未易判断其学术之优劣，彼所凭以传译者，或占毕腐儒，或无赖名士，或鄙俗商贾，或不学教徒，辗转传述，最易失真。彼以其言，认为华人自信之真义，则有差之毫厘谬以千里者矣。一则中国学生求学彼国者，多以吸受新学为志，而鲜以导扬国学自任。其在中土既未有充分之预备，一涉彼境，益复此事便废，值其学者之咨询，则凭臆说以答复。甚至彼之知我，转较我之自知者为多，则益不敢操布鼓而过雷门，而惟听其自得焉。是故吾国之人，苟不自勉于传播中国之文化，则彼我文化之交换，终不易相得益彰。吾闻美国某大学欲设中国学术讲座，无所得师，不得已而请一日本人承其乏。呜呼！是实吾民之大耻，抑亦吾国学者之大耻也。

吾甚怪今之国内学者及教育家，纯然着眼国内，不敢一议及学术上对外之发展。有之，则侈陈今日之新教育，谓是为吾国之进步，譬之市肆驱贩陈货于大商店之前，曾不知其所炫鬻者，本其邸店所斥卖。吾即陈述以依附末光，彼固鄙夷而不甚重视，惟有开发矿产，运售土货，始可得交易上之平衡也。虽然，此事亦匪甚难，再阅三数年，国交益密，学者益多，以时势之要求，亦可有相当之应付。如大学之交换教授也，西人之来华求学也，华人之自译国籍也，皆可预计其为必有之事，即亦无甚为难。吾人所欲与薄海内外学者商榷者，即何者为中国之文化要点？今日国内学者所预期传播于欧美者为何物？使仅笼统含混名曰中国文化，殊非学者之口吻也。

今之治国学者，大别之可区为数类：讲求小学，一也；搜罗金石，二也；熟复目录，三也；专攻考据，四也；耽玩词章，五也；标举掌故，六也。六者之中，各有新旧，旧者墨守陈法，不善傅会，新者则有科学之方法，有文学之欣赏，有中外之参证，有系统之说明。其于学术，不可谓无进步，汇而观之，亦不谓中国之文化不在于是。然吾尝反复思之，一国家一民族之进化，必有与他国家他民族所同经之阶段、同具之心理，亦必有其特殊于他民族他国家。或他民族他国家虽具有此性质，而不如其发展之大且久者，故论中国文化必须着眼于此，否则吾之所有，亦无异于人人。吾人精于训诂，彼未尝不讲声韵文字之变迁。吾人工于考据，彼未尝不讲历史制度之沿革。吾人搜罗金石，彼未尝不考陶土之牍、羊皮之书。吾人耽玩词章，彼未尝不工散行之文、有韵之语。所异者象形之字，骈偶之文。

自今观之，即亦无甚关系。不识象形之字，不得谓之不文明；不为骈体之文，亦不得谓之无文学。苟仅持此以贡献于世界，至多不过备他人之一种参考，证明人类共同之心理、必经之阶段，然其所占文化之位置，亦不过世界史中三数页耳。夫欲贡献文化于世界，必须如丝茶豆麦之出口，为各国大多数人之所必需，若仅仅荒货摊古董店之钱刀珠玉，或蒙古之鼍骨、鲜卑之象牙，纵或为人所矜奇，要之无补于现世也。

中国史籍浩繁，彻底研究，殊非易易。微独异域人士，略窥一二书册，不得其全体之真相，即号为中国之学人者，亦未必能了解吾民族演进、国家构成之命脉，娴雅之士，骛于考据校勘，搬演古书，龂龂争辩汉唐宋明之事迹，或非所屑考，考之亦不赅不遍。浅陋者，则奉凤洲《纲鉴》、了凡《纲鉴》以及《纲鉴易知录》《廿二史约编》之类为鸿宝，稍进则读《御批通鉴》，看《方舆纪要》，已为不可多得之人才，而晚近之但知学校所授一二小册之历史教科书者，更属自郐无讥。故中国人已不知中国历史，更无怪乎外人。近如孟禄之《教育史》、威尔斯之《文化史》，虽皆语及中国，要仅得之于中国浅人之言，未能得中国教育、文化之主脑。夫以历史之背景尚未明了者，遽欲标举文化之主脑，诚未免期之太过。然欲求一说明吾国国家社会真实之现象，极详备而有系统，为中西人所共晓之史书，今兹尚未之有。无已，姑先揭其主脑，再使之求之于历史。

世界各国皆尚宗教，至今尚未尽脱离。吾国初民，亦信多神，而脱离宗教甚早。建立人伦道德，以为立国中心，绵绵数千年，皆不外此，此吾国独异于他国者也。尚宗教则认人类未圆满多罪恶，不尚宗教则认人类有圆满之境，非罪恶之薮，此其大本也。

其它枝叶更仆难数，要悉附丽于此，是故吾国文化，惟在人伦道德，其它皆此中心之附属物。训诂，训诂此也；考据，考据此也；金石所载，载此也；词章所言，言此也。亘古及今，书籍碑版，汗牛充栋，要其大端，不能悖是。战国时代，号为学术林立，言论自由之时，然除商鞅反对礼乐诗书善修孝悌廉辩十者之外，其它诸家虽持论不同，而大端无别。儒墨异趣，而墨家仍主君惠臣忠父慈子孝兄弟和调。老子之学，似不屑屑言伦理，然所谓云"亲不和有孝慈，国家昏乱有忠臣"者，正是嫉多数人之不孝不慈不忠，致令此少数人擅孝慈忠臣之名，非谓人应不孝不慈不忠也。商鞅之说，于后世绝无影响。惟魏武下令举不仁不孝而有治国用兵之术者，斯皆偶见于史，不为通则。其它政策禁令，罔或违越圣哲信条，是故西方立国以宗教，震旦立国以人伦。国土之恢，年祀之久，由果推因，孰大乎此。今虽礼教陵迟，然而流风未泯，父子夫妻之互助，无东西南朔皆然。此正西方个人主义之药石也。其于道德，最重义利之辨，粗浅言之，则吾国圣哲之主旨，在不使人类为经济之奴隶。厚生利用，养欲给求，固也视为要图，然必揭所谓义者，以节制人类私利之心，然后可以翕群而匡国，至其精微之处，则不独昌言私利不耻攘奋者，群斥为小人，即躬行正义，举措无尤，而其隐微幽独之中，有一念涉于私图，亦不得冒纯儒之目。故吾国之学，不讲超人之境，而所悬以为人之标准者，最平易亦最艰难。所陈克治省察之功夫，累亿万言而不能尽。由其涂辙，则人格日上，而胸怀坦荡，无怨无尤，无入而不自得。西方人士，日日谋革命，日日谋改造，要之日日责人而不责己，日日谋利而不正义，人人为经济之奴隶而不能自拔经济之上。反之，则惟宗教为依皈，不求之上帝，则求之佛国。欲脱人世而入于超人之境，而于人之本位，漠然不知其定义及真乐，苟得吾国之学说以药之，则真火宅之清凉散矣。

由此而观吾国之文学，其根本无往不同，无论李杜元白、韩柳欧苏、辛稼轩、姜白石、关汉卿、王实甫、施耐庵、吴敬梓，其作品之精神面目，虽无一人相似，然其所为文学之中心者，君臣父子夫妇兄弟朋友之伦理也。非赞美教主也，非沉溺恋爱也，非崇拜武士也，非奔走金钱也。太白、长吉之诗，或有虚无飘渺不可理解之词，然其大归仍不外乎人伦道德。故论吾国文学极其才力感情之所至，发为长篇，累千百万言，戛戛乎独开生面者，或视西方文学家有逊色，而且古相承，原本道德，务趋和平温厚，不务偏激流荡，使人读之狂惑丧心，则实一国之特色，且以其所重在此，而流连光景，妙悟自然，又别有一种恬适安和之境。凡其审谛物性，模范天机，纯使自我与对象相融，而不徒恃感情之冲动，假物以抒其愤懑，故深于此种文学者，其性情亦因以和厚高尚，不致因环境之逼迫，无聊失望，而自隳其人格，以趋极端之暴行，此在感情热烈意志躁扰之人读之，或且视为太羹玄酒，索然寡味，不若言之激切偏宕者，有极强之激刺力，然果优浸游渍于其中，由狡愤而渐趋平缓，则冲融愉乐之味，亦所以求济人生之苦恼者也。

鄙意以为，中国文化可恃以西被者在此，中国文化在今之世界，具有研究之价值者亦在此。然而今之言学者，率以欧美晚近风尚为至，凡其破坏激烈之论，恶吾国之不如是也，则勿仿效之。举极中和之道德，极高尚之文学，一律视为土苴，深恶痛诋，若惟恐其或存者然。然苟反而自思，脱无此者，吾惟可自署生番野人，直陈其明季以前未接哲人，毫无文化可言。否则彼士询之吾人，吾人何以置对？将举惠施、墨翟、公孙龙之名学乎？零章断句不能敌彼逻辑之精也。将举玄奘、义净，窥道基、道宣之佛学乎？乞灵异域，不能谓为支那所创也。将举顾、惠、钱、王之学乎？则顾、惠、钱、王所考证者何物也？将举关、马、郑、白之词乎？则关、马、郑、白所敷陈者何事也？语曰：物有本末，事有终始，不揣其本，而齐其末，不可也。今举国皆嗜新说，不暇究心本原之学。吾独因西人之有须于吾之文化，而粗述所见如右，其言之当否，尚冀大雅君子有以教之。

（《学衡》第廿七期，一九二四年）

中国礼俗史发凡

一、论读经史以治礼俗之法

世言治礼,皆知宗经,经即史也。《士礼》十七篇,号为"礼经",实即后世《礼仪志》之祖。

《史记·儒林传》:"诸学者多言礼,而鲁高堂生最,本礼固自孔子时,而其经不具。及至秦焚书,书散亡益多,于今独有《士礼》。"

《汉书·艺文志》:"帝王质文,世有损益。至周曲为之防,事为之制,故曰礼经三百臣瓒曰:《礼经》三百,谓冠、婚、吉、凶,威仪三千。及周之衰,诸侯将逾法度,恶其害己,皆灭去其籍。自孔子时而不具,至秦大坏。汉兴,鲁高堂生传《士礼》十七篇。礼古经者,出于鲁淹中及孔氏,与十七篇文相似,多三十九篇。"

《周官经》述古代之官制官规，亦即后史《职官志》之祖。

> 《汉书·艺文志》："《周官经》六篇。"

大小《戴记》，杂述四代遗制，又多推阐礼意之论著，其性质似后世之丛书，非史也。第以证佐《士礼》及《周官》，补苴其所未备，亦多史料。而其言之渊懿精粹，实治礼之津梁。汉唐以降，解经说礼之书，汗牛充栋。清儒治之尤精，若江永、戴震、秦蕙田、凌廷堪、任大椿、黄以周、孙诒让等，闳通博贯，几集礼学之大成。要其言礼，实即考订古史，礼学与史学，非有二也。

《周官》为政书之渊源，而以礼为其中枢，揭橥大义，最重中和。

> 《周官》："大司徒以五礼防万民之伪，而教之中；以六乐防万民之情，而教之和。"
> 又："大宗伯以天产作阴德，以中礼防之；以地产作阳德，以和乐防之。以礼乐合天地之化，百物之产，以事鬼神，以谐万民，以致百物。"

子思作《中庸》，实述其恉。如所谓"致中和，天地位，万物育"者，皆有其位之育之之实事，非空言也。《士礼》号为难读。

> 韩愈《读〈仪礼〉》："余尝苦《仪礼》难读，又其行

于今者盖寡唐之五礼犹多沿袭《仪礼》，愈此言盖谓士大夫不尽行。沿袭不同，复之无由，考于今诚无所用之。然文王、周公之法制，粗在于是。孔子曰：'吾从周。'谓其文章之盛也。惜乎吾不及其时进退揖让于其间也。"

然亦以古今宫室、衣服、名物器数之不同，故学者惮其艰奥。若取张惠言《仪礼图》、黄以周《礼书通故》附图依经文章节，行其揖让进退升降献酬之法；更依图而制其器，亦不难了然于成周仪文度数之盛也。《论语》称《诗》《书》执礼，皆雅言也。礼必执而后明，执之熟，自能常言之矣。

《士礼》、《周官》、二《戴记》外，周秦经传，罔不本典礼立言。故必通群经而后能治礼，亦必通群经而后能治史，此义随在可证，无俟列举。惟自来经生家言，崇视典礼，或失之迂曲，或失之傅会。宜以今世史学家、社会学家眼光观之，则礼之由来与其演进，皆民族社会由榛狉而日进于文明之遗迹也。礼之演进，自羲、农、轩、顼，迤逦至周公、孔子，而造其极。范围曲成，可俟百世。而人事之变迁，不能无升降隆污。有就一端观之，而叹为退化者；有就各方观之，亦未始不可目为进化者，仁智之见，言人人殊。大抵春秋以降，政术兵事，民生物质，多方演变。持视经籍，几若判然不可同途。

《新唐书·礼乐志》："由三代而上，治出于一，而礼乐达于天下。由三代而下，治出于二，而礼乐为虚名。"

然吾民族之根本精神，仍在在与周公、孔子之微言精义相通，用以保世滋大，不可徒囿于形式节目以论史也。

礼俗并称，始自《周官》。

《周官》："土均掌平土地之政。以均地守，以均地事，以均地贡，以和邦国都鄙之政令刑禁，与其施舍礼俗丧纪祭祀，皆以地媺恶为轻重之法而行之。"

又："小行人及其万民之利害为一书，其礼俗政事教治刑禁之逆顺为一书，其悖逆暴乱作慝犹犯命者为一书，其札丧凶荒厄贫为一书，其康乐和亲安平为一书，凡此五物者，每国辩异之，以反命于王，以周知天下之故。"

以俗教安，次于礼仪。其安万民，则以本俗。

《周官》："大司徒十有二教：一曰以祀礼教敬，则民不苟；二曰以阳礼教让，则民不争；三曰以阴礼教亲，则民不怨；四曰以乐礼教和，则民不乖；五曰以仪辨等，则民不越；六曰以俗教安，则民不愉（同偷）；七曰以刑教中，则民不虣；八曰以誓教恤，则民不怠；九曰以度教节，则民知足；十曰以世事教能，则民不失职；十有一曰以贤制爵，则民慎德；十有二曰以庸制禄，则民兴功。以本俗六安万民：一曰媺宫室，二曰族坟墓，三曰联兄弟，四曰联师儒，五曰联朋友，六曰同衣服。"

故言礼而不言俗，未为知礼。《诗》之《国风》，即礼俗史之权舆。后之良史，类能探民俗之原。

《史记·货殖列传》："俗之渐民久矣。虽户说以眇论，终不能化；故善者因之，其次利道之，其次教诲之，其次整齐之，最下者与之争此数语最精，化民成俗，不外因势利导，及教诲整齐：出于争则必不获效。夫山西饶材，竹、穀、纑、旄、玉石，山东多鱼、盐、漆、丝、声色，江南出楠、梓、姜、桂、金、锡、连、丹砂、犀、玳瑁、珠玑、齿革，龙门、碣石。江北多马、牛、羊、旃裘、筋、角，铜、铁则千里往往山出棋置，此其大较也：皆中国人民所喜好，谣俗被服饮食奉生送死之具也。"

司马迁、班固皆著《货殖传》、《游侠传》，述各地之俗。固撰《地理志》，言风俗尤析而详。

《汉书·地理志》："凡民函五常之性，而其刚柔缓急音声不同。系水土之风气，故谓之风。好恶取舍，动静无常，随君上之情欲，故谓之俗。孔子曰：'移风易俗，莫著于乐。'言圣王在上，统理人伦，必移其本而易其末。此混同天下，壹之乎中和；然后王教成也。汉承百王之末，国土变改，民人迁徙。成帝时，刘向略言其地分。丞相张禹使属颍川朱赣，条其风俗，犹未宣究；故辑而论之，终其本末，著于篇。"

唐修《五代史志》，亦师迁、固，述各地风俗于《地志》。后之史志，罕绍汉、隋，则以述风俗者时有专书（如《洛阳伽

蓝记》、《东京梦华录》之类）各地方志胪举尤备。故征之国史
似略，而综览群书则详也。

善读史者，求历代各地之俗，亦随在可见，不必拘于地志
及风俗专书也。如《史》、《汉》载项梁在吴中以兵法部勒宾客
子弟以治丧事，则知苏俗之尚大出丧，由来已久。

《史记·项羽本纪》："项梁与籍避仇于吴中，吴中贤
士大夫皆出项梁下。每吴中有大繇役及丧，项梁尝为主办，
阴以兵法部勒宾客及子弟，以是知其能。梁部署吴中豪杰
为校尉候司马，有一人不得用，自言于梁。梁曰：'前时某丧，
使公主其事，不能办。以此不任用公。'众乃皆伏。"

陈平宰社，分肉甚均。今之里社及巨族宗祠春秋祭祀，均
分胙肉，亦其遗意也。

《史记·陈丞相世家》："里中社，平为宰，分肉食甚均。
父老曰：'善，陈孺子之为宰。'平曰：'嗟乎，使平得宰天下，
亦如是肉矣。'"

他如诸史《五行》、《仪卫》诸志，亦可考见某朝某地殊尤之
俗，与纪传相参。

《续汉书·五行志》："灵帝好胡服，胡帐、胡床、胡坐、
胡饭、胡箜篌、胡笛、胡舞，京都贵戚，皆竞为之。献帝
建安中，男子之衣，好为长躬，而下甚短；女子好为长裙，

而上甚短。"

《新唐书·五行志》："天宝初，贵族及士民，好为胡服、胡帽。妇人则簪步捏钗，轸袖窄小。杨贵妃常以假髻为首饰，而好服黄裙。时人为之语曰：'义髻抛河里，黄裙逐水流。'元和末，妇人为圆鬟椎髻，不设鬓饰，不施朱粉，惟以乌膏涂唇，状似悲啼者。文宗时，吴越间织高头草履织如绫縠，前代所无。乾符五年，雒阳人为帽，皆冠军士所冠者。又内臣有刻木象头以裹幞头，百官效之，工门如市。僖宗时，内人束发极急，及在成都蜀妇人效之，时谓为'囚髻'。"

又《仪卫志》："文宗下诏：'衣曳地不过二寸，袖不过一尺三寸。妇人裙不过五幅，曳地不过三寸，襦袖不过一尺五寸。'淮南观察使李德裕令管内妇人衣哀四尺者，阔一尺五寸，裙曳地四五寸者，减三寸。"

襄尝欲采辑诸史，广及说部、别集，专述吾民衣食住行演变条流，为民族生活史，颇冀通人同致力于此，亦至有兴趣之新史也。

二、礼俗之演变

礼俗之界，至难画分。笃旧之士以《十礼》及《周官》所载，皆先王之大经大法，义蕴闳深，不可以后世风俗相例。究其实，则礼所由起，皆邃古之遗俗。后之圣哲，因袭整齐，从宜从俗，为之节文差等，非由天降地出，或以少数人之私臆，强群众以从事也。

《礼记·曲礼》："礼从宜，使从俗。"

又："君子行礼，不求变俗，祭祀之礼，居丧之服，哭泣之位，皆如其国之故。谨修其法，而慎行之。"

《礼器》："礼，时为大，顺次之，体次之，宜次之，称次之。"

《问丧》："人情之实也，礼义之经也；非从天降也，非从地出也，人情而已矣。"

例如祭祀，所谓国之大事也。燔柴、槱燎、貍沈、疈辜，何自而昉，则昉于初民之震慑于天地阴阳之晦明震动，以为必有神明主宰，而又无由通问而致其精诚。焚柴而上腾，瘗牲以为饷，不必有节目等衰也。圣哲因其俗而制为天神地祇之礼，厘然有等，广及诸神，此非由俗而为礼之证乎？

《周官》："大宗伯以禋祀祀昊天上帝，以实柴祀日月星辰，以槱燎祀司中司命风师雨师，以血祭祭社稷五祀五岳，以貍沈祭山林川泽，以疈辜祭四方百物。"

后世之礼，不必一准古俗。而焚香宰牲，犹缘其意。故推后世平民焚香祀天割牲祷神之俗，谓自唐虞三代之柴望血祭而来，固无不可，治史而观其通，则礼俗之演变，古今不隔也。

世儒诋斥《周官》，最致疑于《媒氏》、《方相氏》诸文，盖隆礼而不达俗也。

《周官·媒氏》："中春之月，令会男女。于是时也，奔者不禁。若无故而不用令者罚之，司男女之无夫家者而会之。"

又《方相氏》："掌蒙熊皮，黄金四目，玄衣朱裳，执戈扬盾，帅百隶而时傩，以索室驱疫，大丧先柩，及墓入圹，以戈击四隅，驱方良。"

方皋《周官辨伪》，谓此诸文为刘歆所窜入。

苗民跳月，至今犹然。《周官》所载，存古俗耳。大傩逐疫，则由古者医出于巫。戈击方良，亦即吊者负弓之意。《隋志》载左人持弓箭绕尸而歌。

《说文》："吊，问终也。古之葬者，厚衣之以薪，从人持弓，会驱禽。"

《隋书·地理志》："荆州，其左人无衰服，不复魄。始死，置尸馆舍，邻里少年，各持弓箭，绕尸而歌，以箭扣弓为节。"

今苗人之送葬，亦持武器至圹而逐鬼。治礼而知其俗，则由儳野而臻文明之阶梯可睹矣。

礼非尽循俗也，俗之甚敝，不可不革，而又不能尽革者，则有礼以适其情而为之坊。《小戴记·经解》、《坊记》诸篇，释礼之为坊者备矣。其最易见者，莫如《乡饮酒礼》。商人酗酒，以亡其国，周公监之，作《酒诰》，禁群饮。

《酒诰》："厥或诰曰群饮，汝勿佚，尽执拘以归于周，予其杀。又惟殷之迪诸臣百工，乃湎于酒，勿庸杀之，姑惟教之。"

又以人之嗜酒，不可尽禁；则制为《乡饮酒礼》，使民岁时可以饮酒，而淑之以礼让。

《乡饮酒义》："乡饮酒之义，主人拜迎宾于庠门之外，入，三揖而后至阶，三让而后升，所以至尊让也。盥洗扬觯，所以致洁也。拜至，拜洗，拜受，拜送，拜既，所以致敬也，尊让洁敬也者，君子之所以相接也。君子尊让则不争，洁敬则不慢，不慢不争，则远于斗辨矣。不斗辨，则无暴乱之祸矣。斯君子所以免于人祸也。乡饮酒之礼，六十者坐，五十者立，侍以听政役，所以明尊长也。六十者三豆，七十者四豆，八十者五豆，九十者六豆，所以明养老也。民知尊长尊老，而后乃能入孝弟。民入孝弟、出尊长养老而后成教，成教而后国可安也。君子之所谓孝者，非家至而日见之也。合诸乡射，教之乡饮酒之礼，而孝弟之行立矣。孔子曰：'吾观于乡，而知王道之易易也。'"《周官》：州长春秋以礼会民，而射于州序。盖春秋二时，以乡饮酒之礼会其民而后射于序，故曰合诸乡射、教之乡饮酒之礼。

《乐记》："夫豢豕为酒，非以为祸也。而狱讼益繁《易》：饮食必有讼，则酒之流生祸也。是故先王因为酒礼，壹献之礼，宾主百拜，终日饮酒而不得醉焉。此先王之所以备酒祸也。故酒食者所以合欢也，乐者所以象德也，礼者所以缀淫也。"

历汉、唐、宋、明，皆存此礼。虽行之公众者，不尽符于古义；而其它公私宴会，往往尚礼貌而不惟事壶觞。自达人名士自放于礼教者外，综观吾民之耽酒，乃不若他族之甚。是则缘俗制礼，以礼移俗微眇之意也。

古之祭祀，有阶级之别。如天子祭天地，诸侯祭社稷，大夫祭五祀（《王制》），所以明等威也。然亦有达于上下共同之祀，则社是也。

《祭法》："王为群姓立社曰大社，王自为立社曰王社，诸侯为百姓立社曰国社，诸侯自为立社曰侯社。大夫以下成群立社曰置社。"

报本反始，归于土地。因以合群，因以娱乐。历代相沿，饮社酒，分社肉，里有庙而家有祀，推而为团体之组织，推而为文艺之讲求。所谓联师儒，联朋友，联兄弟之本俗咸在焉，不得谓古礼之久湮也。社稷并称，《孟子》曰："民为贵，社稷为重。"顾民得祀社而不祀稷，似于报本之义未备。按古有五祀，广之为七祀，约之为一祀。

《祭法》："王为群姓立七祀：曰司命，曰中霤，曰国门，曰国行，曰泰厉，曰户，曰灶。王自为立七祀。诸侯为国立五祀：曰司命，曰中霤，曰国门，曰国行，曰公厉。诸侯自为立五祀。大夫立三祀：曰族厉，曰门，曰行。适士立二祀：曰门，曰行。庶人立一祀，或立户，或立灶。"

自王达于庶人之祀有灶焉，灶者所以报熟食之本也。自国言之，曰社曰稷；自民言之，有社有灶。殊其名而通其义，是亦古今之所同矣。惟今俗岁首，家祀天地，私塾或行婚礼时，立天地君亲师之位，则准之古礼为僭，然其义亦本于《礼运》，则所谓礼虽先王之所未有，可以义起者也。

《礼运》："天生时而地生财，人其父生而师教之，四者君以正用之。"此殆后世天地君亲师五者并尊之本。《大戴记·礼三本篇》："禅上事天，下事地，宗事先祖而隆君师，是礼之三本也。"亦同。

有后世之俗胜于古礼者，如三代祭礼，以人为尸，接以宾礼，授其服而藏其隋。

《周官》："守祧掌守先王先公之庙祧，其遗衣服藏焉。若将祭祀，则各以其服授尸，既祭，则藏其隋与其服。"隋谓尸所祭肺与黍稷之类；祭后埋之西阶之东。

战国以来，代以像设，于忾闻僾见之义，未尝相悖。

宋玉《招魂》："像设君室，静闲安些。"
《祭义》："祭之日，入室，僾然必有见乎其位；周还出户，肃然必有闻乎其容声；出户而听，忾然必有闻乎其叹息之声。"

视孙为祖尸，而子转以子姓行为其亡亲而事之者为有间矣。宗法社会，支子不祭，祭必告于宗子，又凡宗庙之制，以爵位为差等。考各一庙，与后世之宗祠群主合祭者迥殊。然后世之俗，宜于平民。而其敬宗合族，追远报本，亦未始不符于古也。

礼有行于古而中废，迄今复兴之者。《周官》有冢人、墓大夫，掌公墓及族葬之礼。

《周官》："冢人掌公墓之地，辨其兆域而为之图。先王之卅居中，以昭穆为左右，凡诸侯居左右以前，卿大夫士居后，各以其族。凡死于兵者，不入兆域此以示战阵无勇之戒。凡有功者居前，以爵等为邱封之度，与其树数。"

又："墓大夫掌凡邦墓之地域为之图，令国民族卅，而掌其禁令，正其位，掌其度数，使皆有私地域。凡争墓地者听他狱讼，帅其属而巡墓厉，居其中之室以守之。"

族坟墓之俗，殆在周之前已然，而后世乃有堪舆之说，各求善地，不复族葬。公墓之制，则仅大臣有陪陵者，及漏泽园之类。晚近始援他国之俗而倡公墓，用是可知古礼久湮者，亦有时缘他故而复现。至火葬则为释氏之法，宋元民间亦有行之者。

世讥吾俗为多神教，其缘二氏而兴者，故不在祀典。而古所谓祀典，如法施于民以死勤事，以劳定国，能御大灾，能捍大患，则由民众之不忘先烈，崇德报功，命意深远，非迷信也。

《祭法》:"夫圣人之制祭祀也,法施于民则祀之,以死勤事则祀之,以劳定国则祀之,能御大灾则祀之,能捍大患则祀之。非此族也,不在祀典。"

至如蜡祭之类,以俗为礼,流而为后世乡民迎神赛会之习。

《郊特牲》:"天子大蜡八,伊耆氏始蜡蜡祭八神:先啬一,司啬二,农三,邮表畷四,猫虎五,坊六,水庸七,昆虫八。蜡也者,索也。岁十二月,合聚万物而索飨之也。蜡之祭也,主先啬而祭司啬也,祭百种以报啬也,飨农及邮表畷禽兽,仁之至义之尽也。古之君子,使之必报之。迎猫,为其食田鼠也。迎虎,为其食田豕也。迎而祭之也,祭坊与水庸事也。曰'土反其宅,水归其壑,昆虫毋作,草木归其泽'。"

宜为临民者所不许,然《周官》于此事曰"以礼属民,以正齿位"。

《周官·党正》:"国索鬼神而祭祀,则以礼属民而饮酒于序,以正齿位。"

孔子与于蜡宾,乃述《礼运》。子贡不知其义,斥举国之若狂。而孔子告以张弛之道,则俗之寓礼,殆非深识不辨。

《杂记》:"子贡观于蜡,孔子曰:'赐也,乐乎?'对曰:'一国之人皆若狂,赐未知其乐也。'子曰:'百日之蜡,一日之泽，非尔所知也；张而不弛，文武弗能也。弛而不张，文武弗为也。一张一弛，文武之道也。'"

由张弛之义推之，吾民终岁勤动，且纤啬治生；不事酒食征逐，岁晚务闲，始克稍事娱乐，以舒其郁塞，而联其群，正所以彰吾民勤俭之美耳。岁时伏腊，斗酒自劳，其时较多。

《汉书·杨恽传》："田家作苦，岁时伏腊，烹羊炰羔，斗酒自劳。"

外此则相沿之令节，始各休假一日，为饮食欢娱，视官吏士人五日一休沐，旬日一假者，倜乎远矣。

汉代官吏，五日一休沐。《汉书·万石君传》："每五日洗沐归。"注：文颖曰："郎官五日一洗沐。"《杨恽传》："移病尽一日，辄偿一沐。"注：晋灼曰："五日一洗沐也。"《隋书·礼仪志》：后齐制，学生每十日给假，皆以景即内日放之。隋制，学生皆乙日试书，景日给假焉。

三、秩叙

略明礼俗演变，乃可进言秩叙。礼之函义孔多，就普通人所常言者明之，则礼者秩叙而已矣。樊然众生，漫无统纪，何以为群，何以立国。整齐教诲，必有秩叙而后可相安以生，故社会之初型，原于私欲争夺，争夺不已，脊脊大乱。聪明睿知之人，察其所以然，因势利导，循其原委，区其经曲。求其条理，定为秩叙，括之曰礼。故曰礼者，秩叙而已矣。

《乐记》："人生而静，天之性也。感于物而动，性之欲也。物至知知，然后好恶形焉；好恶无节于内，知诱于外，不能反躬，天理灭矣。夫物之感人无穷，而人之好恶无节，则是物至而人化物也。人化物也者，灭天理而穷人欲者也。于是有悖逆诈伪之心，有淫佚作乱之事。是故强者胁弱，众者暴寡，知者诈愚，勇者苦怯，疾病不养，老幼孤独不得其所，此大乱之道也。是故先王之制礼，人为之节。"

《荀子·礼论》："礼起于何也？曰：人生而有欲，欲而不得，则不能无求，求而无度量分界，则不能不争。争则乱，乱则穷。先王恶其乱也，故制礼义以分之，以养人之欲，给人之求。使欲必不穷乎物，物必不屈于欲，两者相持而长，是礼之所起也。"

秩叙者，本于人之性情，人之性情本于天，故《虞书》说典礼，谓之天叙天秩，天叙天秩，即《乐记》所谓天理，天理者，天然之条理也。

《皋陶谟》："天叙有典，敕我五典五惇哉。天秩有礼，自我五礼有庸哉。"郑玄曰：五礼，天子也，诸侯也，卿大夫也，士也，庶民也。

天叙何以曰典，典常也，人类之可常行者也。然虽人类自草昧以来，已由争夺暴乱渐求相安之法，于不知不识之中，趋向此天叙而行，而不能无待于圣哲之教。圣哲率其性而修其道，曰惟此可以常行，则各按其伦类而教之，故五典又曰五教：

> 《尧典》："慎徽五典，五典克从。"郑玄曰：五典，五教也。
> 又："帝曰：'契，百姓不亲，五品不逊，汝作司徒，敬敷五教，在宽。'"马融曰：五教，五品之教。郑玄曰：五品，父母兄弟子也。

又曰人伦。

> 《孟子》："人之有道也，饱食暖衣逸居而无教，则近于禽兽。圣人有忧之，使契为司徒，教以人伦。父子有亲，君臣有义，夫妇有别，长幼有序，朋友有信。"

吾国一切典礼，皆依此伦理为之节度而文饰之。故欲知吾民族立国数千年，能由部落酋长达此大一统之国家，广宇长宙，雄长东亚，其根本何在，即在循此人类群居之条理，以为立国之本。简言之，即以礼为立国根本。博言之，即以天然之秩叙（即天理）为立国之根本也。并世民族，构成发展，固亦不外此天然之条理。然吾民族年祀之悠久，统治之广袤，以史迹较之，成绩特殊，由果推因，其亦有循共同之轨而自致其优越之端欤。

伦理之懿，尽人能言，亦更仆难罄。第就近人因他族之俗及吾国末俗流弊，而诟病吾国伦理者稽之，似诟病之端，皆缘未究礼经及史迹之嬗替，而归咎于前哲。实则古礼之协于人情，合于民治，其精奥赅备，固非徒执臆见近事所可测定。略陈其愚，以俟明哲之商榷。

夫妇之伦，父子君臣之礼所由起也，爰有六礼：纳采、问名、纳吉、纳征、请期、亲迎。敬慎重正，夫岂不知男女相悦，出于情欲。所谓发乎情，止乎礼义也。礼之大义，在慎始图终，一与之齐，则终身不改。

《郊特牲》："天地合而后万物兴焉，夫昏礼万世之始也，取于异姓，所以附远厚别也。币必诚，辞无不腆，告之以直位，位事人也，位妇德也，壹与之齐，终身不改。"

盖有鉴于人苟日营营于求偶，其德不恒，直接有损于本身之志事，间接即纷扰于社会之进程，故为礼以严其秩叙，然礼有继母出母继父之服。

《仪礼·丧服》疏"衰裳齐三年章"：继母如母。疏"衰裳齐期章"：出妻之子为母。父卒继母嫁，从为之服。

又：继父同居者。传曰："夫死，妻稚，子幼，子无大功之亲，与之适人；而所适者亦无大功之亲，所适者以其货则为之筑宫庙，岁时使之祀焉，妻不敢与焉，若是则继父之道也。同居，则服齐衰期，异居，则服齐衰三月。必尝同居，然后为异居。未尝同居，则不为异居。"

是礼固不禁改嫁也，《诗》美《柏舟》"之死靡它"。

《诗·鄘风·柏舟》："之死矢靡它。""之死矢靡慝。"共姜守节语。

史有怀清台，及扁表之制。

秦始皇为巴寡妇清筑女怀清台，见《史》、《汉·货殖列传》。

《续汉书·百官志》："凡有孝子顺孙，贞女义妇，让财救患，及学生为民法者，皆扁表其门，以兴善行。"

则以其义笃情深，超轶流俗，特致敬礼，以励凉薄，道并行而不相悖也。

君臣之礼，严于天泽，策名委贽，有死无贰。而仪式之严，则由演变而非其朝，古曰臣邻，相互钦敬。

《皋陶谟》："臣哉邻哉，邻哉臣哉。予违汝弼，汝无面从，退有后言，钦四邻。"

周之朝仪，王揖臣下，其合诸侯，亦先三揖，故曰"君之为言群也"。

《周官》："司士，正朝仪之位，辨其贵贱之等。王南乡，三公北面东上，孤东面北上，卿大夫西面北上。王族故士虎士在路门之右，南面东上。大仆大右大仆从者在路门之左，南面西上，司士揖，孤卿特揖王揖孤卿，——揖之。大夫以其等旅揖，士旁三揖，王还，揖门左，揖门右，大仆前王入内朝，皆退。"

又："司仪，掌九仪之宾客傧相之礼，以诏仪容辞令揖让之节。将合诸侯，则令为坛三成，宫旁一门，诏王仪，南乡见诸侯，士揖庶姓庶姓非王亲，士揖，下手以揖之，时揖异姓异姓王外亲，时揖，平手以揖之，天揖同姓同姓王宗室，天揖，举手以揖之。"

《白虎通义》："君之为言群也。"

司民献民数，则王拜受。

《周官》："司民掌登万民之数，自生齿以上，皆书于版，办其国中与其都鄙及其郊野，异其男女。岁登下其死生，及三年大比，以万民之数诏司寇，司寇及孟冬，祀司民之日，献其数于王，王拜受之，登于天府，内史司会冢宰贰之，以赞王治。"

乡大夫献贤能之书，则王拜受。

《周官·乡大夫》："三年则大比，考其德行道艺，而兴贤者能者。乡老及乡大夫帅其吏兴其众寡，以礼礼宾之。厥明，乡老及乡大夫群吏献贤能之书于王，王拜受之，登于天府，内史贰之。"

其尊民敬士，曷尝侈然自肆于臣民之上，如后世之皇帝。由是知《皋谟》所谓天叙，亦第就一国之中，分其职位条理云尔。其辨德罪，必本之天；其证天意，必视之民。

> 《皋陶谟》："天命有德，五服五章哉。天讨有罪，五刑五用哉，天聪明，自我民聪明；天明畏，自我民明畏。"

故世谓民治精神，原于吾国，不得以后世暴君，病吾古礼也。

至于父子之伦，由母系而进于父系，以《丧服传》之言断之，则人禽之辨，其义尤精。

> 《仪礼·丧服传》："禽兽知母而不知父，野人曰，父母何算焉，都邑之士，则知尊祢矣。大夫及学士，则知尊祖矣。"

古人岂不知父母并尊，盖由野人之俗，而进于文明，家无二主，非故意尊男抑女也。唐以来加重母服，可阅顾氏《日知录》。又如子为父服，父亦报之。长中下殇，皆有恩意，所谓父父子子也。

> 《仪礼·丧服》"斩衰章"：父为长子。传曰："何以三年也。正体于上，又乃将有传重也。庶子不得为长子三年，不继祖也。""疏衰裳齐三年章"：母为长子。传曰："何以三年也。父之所不降，母亦不敢降也。""疏衰裳齐期章"：

为众子众子者,长子之弟,及妾子,女子子在室亦如之。传曰:"何以期也,报之也。""大功章":子女子子之长殇中殇。传曰:"何以大功也,未成人也。年十九至十六,为长殇;十五至十二,为中殇;十一至八岁,为下殇下殇小劝。不满八岁以下,皆为无服之殇。无服之殇,以日易月;以日易月之殇,殇而无服。"

是故子孝父慈,与君仁臣敬,同为各尽其道,非专责片面之言。

《大学》:"为人君,止于仁。为人臣,止于敬。为人子,止于孝。为人父,止于慈。与国人交,止于信。"

而父有诤子,亦犹君有诤臣,此人伦之精理也。

《孝经》:"天子有诤臣七人,虽无道,不失其天下。诸侯有诤臣五人,虽无道不失其国。大夫有诤臣三人,虽无道,不失其家。士有诤友,则身不离于令名。父有诤子,则身不陷于不义。"

夫妇君臣,以义合者也。义合者,人也,非天也。故古之为教,虽各循其伦,而必以父子之伦贯之。父子之道天性也,由天性以贯人伦;而人伦之组织,始可尽人以合天,例如夫妻胖合,今人所知者,只认为男女本身之关系;而不从其上下前后着想。圣哲之言婚礼,则兼男女本身及其上下前后而言之。

《昏义》:"昏礼者将合二姓之好此以本身言,上以事宗庙,而下以继后世也此以上下前后言。故君子重之。"

《哀公问》:"公曰:'寡人愿有言然,冕而亲迎,不已重乎。孔子愀然作色而对曰:'合二姓之好,以继先圣之后,以为天地宗庙社稷之主此义更广,君何谓已重乎。'"

《曾子问》:"嫁女之家三夜不息烛,思相离也。取妇之家,三日不举乐,思嗣亲也。三月而庙见,称来妇也,择日而祭于祢,成妇之义也。"

人之为人,不限于青年求偶之短期。阅时而有子孙,阅时而为祖考;故仅知夫妇之伦,不知父子之伦者,于人未尽其义也。

由父子而为君臣之义,经籍所言外矣。

《易·序卦》:"有父子然后有君臣,有君臣然后有上下,有上下然后礼义有所错。"

而《孝经》陈资父事君之道,实由天性而引掖之。

《孝经》:"资于事父以事母而爱同,资于事父以事君而敬同;故母取其爱,而君取其敬,兼之者父也。"

人各自私其身,何由使之奋于公务。惟由其天性而节其私,则始自家庭,推至社会国家,始能戢小己之私,而奉身以为公。

《论语》称事父母能竭其力,事君能致其身二语相承,其能有自。夫竭力事亲,固无限量,然寻常人家子女,从其父母之命,为家庭服务,出于自然,不假考虑,不计报酬,纤屑奉行,必求其当者甚多。此庸行,非奇节也。圣哲察其然,乃得此移孝作忠之途术,谓于君国不私其身,犹家庭之不私其身。则由孩提之良知良能,可以推之邦国天下,而君臣之以义合者,亦持性情而联系,不敢自有其身焉。故以广义之孝言之,则自居处之庄,推之事君、莅官、交友、战陈,罔不本于孝。

　　《祭义》:"曾子曰:'身也者,父母之遗体也。行父母之遗体,敢不敬乎。居处不庄,非孝也。事君不忠,非孝也。莅官不敬,非孝也。朋友不信,非孝也。战陈无勇,非孝也。五者不遵,灾及于亲,敢不敬乎。'"

　　吾国史策,忠臣、义士、循吏、名臣,可法、可惊、可歌、可泣者,其原何在? 在圣哲由其天性而导之,以发挥于国家。故曰孝子之身终,非终父母之身,终其身也。终其身则息息在在,思所以自勉自奋,而不敢为不善以贻其亲无穷之羞。

　　《内则》:"父母虽没,将为善,思贻父母令名,必果。将为不善,思贻父母羞辱,必不果。"

　　此其向善之精诚,不待宗教诱之,法律绳之,盟约莅之,而以人伦之自然收获之良果也。综览史册,治乱兴衰,虽不一而足,而由此天叙天秩,使吾国族之绵延壮伟,常日进而无疆。

世之性情凉薄者，不喻其故，转羡初民浅化正知营私欲计权利者之为美。而欲拨其本实，谓昔之人无闻知。其蹈常习故者，又惟损公肥私，或营营于乞寿文求象赞之末以为孝。呜呼，秩叙伦理，岂易言哉！

四、教育

吾国人之论学有一要语，曰实事求是。

《汉书·河间献王传》："修学好古，实事求是。"

清人讲汉学者，恒以此为标榜。晚近言教育，尤重实验；实验即实事求是也。朔自唐虞以来，以五典为教，以乐德为教。

《书·尧典》："百姓不亲，五品不逊，汝作司徒，敬敷五教，在宽。夔，命汝典乐教胄子，直而温，宽而栗，刚而无虐，简而无傲。诗言志，歌永言，声依永，律和声，八音克谐，无相夺伦，神人以和。"

迄周之以乡三物教万民，以三德、三行、六艺、六仪及乐德、乐语、乐舞教国子，无非以实事为教，道与艺合，文与武合，言与行合，上与下合，要之则身与礼合。

《周官》："大司徒以乡三物教万民而宾兴之：一曰六德，知仁圣义忠和。二曰六行，孝友睦姻任恤。三曰六艺，礼乐射御书数。

师氏以三德教国子：一曰至德以为道本，二曰敏德以为行本，三曰孝德以知逆恶。教三行：一曰孝行以亲父母，二曰友行以尊贤良，三曰顺行以事师长。居虎门之左，司王朝，掌国中失之事，以教国子，凡国之贵游子弟学焉。

保氏掌养国子以道，乃教之六艺：一曰五礼，二曰六乐，三曰五射，四曰五驭，五曰六书，六曰九数。乃教之六仪（详后）。"

又："大司乐掌成均之法以治建国之学政，而合国之子弟，凡有道者，有德者，便教焉。死则以为乐祖，祭于瞽宗。以乐德教国子，中和祗庸孝友。以乐语教国子，兴道讽诵言语。以乐舞教国子，舞《云门》、《大卷》、《大咸》、《大磬》、《大夏》、《大濩》、《大武》。"

盖其教多以读法行礼及国事相与实验，不徒事记诵理论，故其人之道德，皆实可见于施行。如六德之圣，似极难极高，然以《洪范》"思曰睿，睿作圣"之义释之，则此圣字亦即教人以视思明，听思聪，色思温，貌思恭之类，非虚言。近人谓周之所以纲纪天下，其旨在纳上下于道德；而合天子诸侯卿大夫士庶民以成一道德之团体。观于司徒十二教及各官之教，知此论非过信古人也。

王国维《殷周制度论》："周之所以纲纪天下，其旨在纳上下于道德，而合天子诸侯卿大夫士庶民以成一道德之团体。古之所谓国家者，非徒政治之枢机，亦道德之枢机也。

使天子诸侯大夫士，各奉其制度典礼以亲亲尊尊贤贤明男女之别于上，而民风化于下，此之谓治，反是则谓之乱。"

以实事为教之法，如读法行礼则书其道德之类，不可缕举。

《周官》："闾胥：凡春秋之祭祀役政丧纪之数聚众庶，既比则读法，书其敬敏任恤者。族师：月吉则属民而读邦法，书其孝弟睦姻有学者，春秋祭酺亦如之。

党正：正岁属民读法而书其德行道艺，以岁时莅校比及大比亦如之。

州长：正月之吉，各属其州之民而读法，以考其德行道艺而劝之，以纠其过恶而戒之，若以岁时祭祀州社，则属其民而读法亦如之。"

其尤妙者，如《王制》所言，简不帅教，而乡之耆老，国之卿大夫士，上及王者，赴学校而躬行礼法，以示范于学生。则真道德团体之教育，非徒教育专家之教育矣。

《王制》："命乡简不帅教者以告耆老，皆朝于庠。元日，习时上功，习乡上齿，大司徒帅国之俊士与执事焉。此自司徒至耆老皆行礼以示范也不变。命国之右乡简不帅教者移之左，命国之左乡简不帅教者移之右，如初礼又示范也。不变。移之郊，如初礼又示范也。不变。移之遂，如初礼又示范也。不变。屏之远方，终身不齿。将出学，小胥、大胥、小乐正简不帅教者以告于大乐正，大乐正以告于王，王命三公九卿大夫元士皆入学示范也。不变。王亲视学示范也。不变。王三日不举，屏之远方，西方曰棘，东方曰寄，终身不齿。"

夫乡庠党序之时书德行，国学之七年论学取友，九年知类通达，宜无不帅教之人；而犹有不帅教者，则此道德团体之耻也。

《学记》："古之教者，家有塾，党有庠，术有序，国有学。比年入学，中年考校。一年视离经辨志，三年视敬业乐群，五年视博习亲师，七年视论学取友，谓之小成。九年知类通达，强立而不反，谓之大成。夫然后足以化民易俗，近者说服，而远者怀之，此大学之道也。"

转移远屏，亦固其所。而朝野上下，初不先恶其人，惟相与力示之范。《论语》曰"道之以德，齐之以礼，有耻且格"，意必以此意证之，始见道德齐礼之实际行动欤。

周代兵农合一，文武合一，乡遂之民，受教于司徒，而听命于司马。国子则受教师保司乐，而致用于司士诸子，既已如网络相交矣。

《周官》："司士掌国中之士治。凡祭祀掌士之戒令。凡会同作士从宾客亦如之。作士适四方使为介，大丧作士掌事，掌六军之士执披，凡士之有守者令哭无去守，国有故，则致士而颁其守，凡邦国三岁则稽士任。

诸子掌国子之倅，掌其戒令，与其治教，辨其等，正其位，国有大事，则帅国子而致于天子。惟所用之，若有甲兵之事，则授之车甲，合其卒伍，置其有司，以军法治之。"

而其教则始于乡三物，《大学》所谓格物，即指此乡三物也。三物之教，交互贯通，非短幅所可枚举。第以射御论，似射御止为技能教育，于道德无与矣，然古自男子始生，已示以有事四方之志。

《射义》："男子生，桑弧蓬矢六，以射天地四方，天地四方者，男子之所有事也。"

教射则志正体直，以观德行。

《射义》："古者诸侯之射也，必先行燕礼，卿大夫士之射也，必先行乡饮酒之礼，故燕礼者，所以明君臣之义也。乡饮酒之礼者，所以明长幼之序也，故射者进退周还必中礼。内志正，外体直，然后持弓矢审固；持弓矢审固，然后可以言中，此可以观德行矣。"

合之乐节，以弭暴乱。

《射义》："其节，天子以驺虞为节，诸侯以狸首为节，乡大夫以采蘋为节，士以采蘩为节。明乎其节之志，以不失其事，则功成而德行立，德行立，则无暴乱之祸矣。"

孔子之习射，分三选。贲军之将，亡国之大夫不入，而使幼壮孝弟耆耋好礼者，与于观众，则射与道德之关系何如乎。

《射义》："孔子射于矍相之圃。子路执弓矢出延射，曰：'贲军之将，亡国之大夫，与为人后者，不入。'公罔之裘扬觯而语曰：'幼壮孝弟，耆耋好礼，不从流俗修身以俟死者，不在此位也。'序点又扬觯而语曰：'好学不倦，好礼不变，旄期称道不乱者，不在此位也。'"

御礼不传，所谓鸣和鸾，逐水曲，过君表，舞交衢，逐禽左者，不能详其仪节。观《春秋》，士夫御车作战，犹不忘礼。

《左传·成公二年》："晋及齐战于鞌，晋解张御郤克，曰：'师之耳目在吾旗鼓，进退从之，此车一人殿之，可以集事，若何其以病败君之大事也。'韩厥中御而从齐侯。韩厥执絷马前，再拜稽首，奉觞加璧以进。曰：'寡君使群臣为鲁卫请，曰，无令舆师陷入君地，下臣不幸，属当戎行，无所逃隐，且惧奔辟，而忝两君，臣辱戎士，敢告不敏，摄官承乏。'"

《孟子》称王良之御，范我驰驱，不贯与小人乘。

《孟子》："王良曰：'吾为之范我驰驱，终日不获；一为之诡遇；一朝而获十。《诗》云：不失其驰，舍失如破。

我不贯与小人乘，请辞。'"

御之根本礼教可见矣。

古今教育之判，固以教之合于礼之实际与否为断，而乐之关系尤巨。《周官·大司乐章》虽流传至今，而乐教之衰，与时俱降。

《汉书·艺文志》："孔子曰：'安上治民，莫善于礼；移风易俗，莫善于乐。'二者相与并行。周衰俱坏，乐尤微眇。以音律为节，又为郑卫所乱，故无遗法。汉兴，制氏以雅乐声律，世在乐官，颇能纪其铿锵鼓舞，而不能言其义。六国之君，魏文侯最为好古，孝文时，得其乐人窦公，献其书，乃《周官》大宗伯之《大司乐章》也。武帝时，河间献王好儒，与毛生等共采《周官》及诸子言乐事者，以作《乐记》，献八佾之舞，与制氏不相远。其内史丞王定传之，以授常山王禹，禹，成帝时为谒者，数言其义，献二十四卷《记》。刘向校书，得《乐记》二十三篇，与禹不同，其道浸以益微。"

魏文侯时，已听古乐而思卧，至汉以后，则并魏文侯之所谓新乐亦不可考。

《乐记》："魏文侯问于子夏曰：'吾端冕而听古乐，则唯恐卧。听郑卫之音，则不知倦。敢问古乐之如彼何也，新乐之如此何也。'子夏曰：'今君之所问者，乐也；所好者，音也。夫乐者，与音相近而不同。'"

后儒虽多锐意考订，终不能如古之小学、乡学、国学一切皆以乐教人而行礼。故尝妄谓宋明儒者，极力从事于诚意、正心、居敬、主静之学，而其成就迥不能追古之圣哲。且其于化俗也，尤形扞格，流俗至以其讲道德而避之而侮之。盖古有乐教，故讲道德而宽裕安和，行之不形拘苦。后世无乐教，故讲道德而鞭辟强制，行之鲜获同情。不得已而假途释氏，以简易参悟为宗，此风尚迁流之最大者欤。

顾古之六艺之教实事求是者，虽久失坠。而其基础仅存者，犹有家庭教育之遗文坠绪，散见于《曲礼》、《内则》、《少仪》、《弟子职》诸篇。用是其教不限于学校，而故家世族儒生学子知其文之可贵，诵述而奉行之。盖古之礼教，亦未始不存千百之什一也。此诸书所言，约皆周代士大夫家庭教子女之法，举凡洒扫、应对、行止、寝兴、饮食、衣履、盥洗、衽席之节，均有其相当之准则。教之于家，习之于幼，虽若委曲纤屑，而养成儿童应事接物对人持己之良习。所谓少成若天性，习惯如自然者，其功效视长大而后裁成，相去不可以道里计。故观于吾国朝政，兵戈篡窃，史不绝书，若礼教之久废；而儒家士族，自汉、魏、六朝、唐、宋以来，讲家法，重礼让，以保存圣哲教训，倡导善良之俗，支持于朝野上下之间，其力至伟。是亦实事求是之学，非仅矜考据讲训诂之比也。

《汉书·贾谊传》："孔子曰：'少成若天性，习惯如自然。'习与智长，故切而不愧；化与心成，故中道若性。"

五、仪法

言礼当知礼与仪之别，春秋时人多能辨之。

《左传·昭公五年》："公如晋，自郊劳至于赠贿无失礼。晋侯谓女叔齐曰：'鲁侯不亦善于礼乎。'对曰：'鲁侯焉知礼。'公曰：'何为？自郊劳至于赠贿，礼无违者，何故不知？'对曰：'是仪也，不可谓礼。礼所以守其国，行其政令，无失其民者也。'"

又《昭公二十五年》："子太叔见赵简子，简子问揖让周旋之礼焉。对曰：'是仪也，非礼也。'简子曰：'敢问何谓礼。'对曰：'吉也闻诸先大夫子产曰：夫礼，天之经也，地之义也，民之行也。天地之经，而民实则之。则天之明，因地之性，生其六气，用其五行。气为五味，发为五色，章为五声。淫则昏乱，民失其性，是故为礼以奉之。为六畜五牲三牺，以奉五味。为九文六采五章，以奉五色，为九歌、八风、七音、六律，以奉五声。为君臣上下，以则地义。为夫妇外向，以经二物。为父子、兄弟、姑姊、甥舅、婚媾、姻亚，以象天明。为政事庸力行务，以从四时。为刑罚威狱，使民畏忌，以类其震曜杀戮。为温慈惠和，以效天之生殖长育。民有好恶喜怒哀乐，生于六气，是故审则宜类，以制六志。哀有哭泣，乐有歌舞，喜有施舍，怒有战斗。喜生于好，怒生于恶，是故审行信令，祸福赏罚，以制死生。生好物也，死恶物也；好物乐也，恶物哀也；

哀乐不失，乃能协于天地之性，是以长久。'简子曰：'甚哉，礼之大也！'对曰：'礼，上下之纪，天地之经纬也，民之所以生也，是以先王尚之。故人之能自曲直以赴礼者，谓之成人，大不亦宜乎。'简子曰：'鞅也，请终身守此言也。'"

并世国族所视为交际往还、宴游酬酢之礼，要皆吾国古所谓仪。而吾国古礼，亦甚重仪。保氏教国子以六仪，官等侯封，亦谓之九仪、五仪。

《周官》："保氏养国子以道，乃教之六仪：一曰祭祀之容，二曰宾客之容，三曰朝廷之容，四曰丧纪之容，五曰军旅之容，六曰车马之容。

大宗伯以九仪之命，正邦国之位：壹命受职，再命受服，三命受位，四命受器，五命赐则，六命赐官，七命赐国，八命作牧，九命作伯。

典命，掌诸侯之五仪，诸侯之五等之命。"

行人司仪，尤以仪为专职，仪固所以笃邦交也。

《周官》："大行人掌大宾之礼，及大客之仪，以亲诸侯。以九仪办诸侯之命，等诸侯之爵，以同邦国之礼，而待其宾客。

小行人，使适四方，协九仪宾客之礼。司仪掌九仪之宾客摈相之礼。"

威仪三千，行之有要。章于身则曰九容，又必别之于所施。

《玉藻》："君子之容舒迟，见所尊者齐遬，足容重，手容恭，目容端，口容止，声容静，头容直，气容肃，立容德，色容庄。"

又："凡祭容貌颜色如见所祭者。丧容累累，色容颠颠，视容瞿瞿梅梅，言容茧茧此皆居丧之容。戎容暨暨，言容诺诺，色容厉肃，视容清明此皆军旅之容。立容办卑，无诌，头颈必中，山立，时行，盛气颠实扬休玉色此常时之容。"

存于心则曰毋不敬，《曲礼》第一语曰"毋不敬"。而常矢之以寅畏，得礼之本者，无论军旅、丧纪、宾客之仪，一行以敬，自然动中规矩。徒习于仪者，第知循行节目，而不能将之以诚，则所谓徐生徒善颂而已。

《汉书·儒林传》："鲁徐生善为颂。"师古曰：颂与容通。

礼意失而仅求之仪节及其器物，非圣哲之所尚也。祝史陈数，《戴记》所讥。

《郊特牲》："礼之所尊，尊其义也。失其义，陈其数，祝史其事也。故其数可陈也，其义难知也。知其义而敬守之，天子之所以治天下也。"

玉帛钟鼓，孔门攸慨。

  《论语》："礼云礼云，玉帛云乎哉；乐云乐云，钟鼓
云乎哉。"

  然内心之敬慎，亦必与外物为缘。墟墓兴衰，宗庙起敬。
鸾和佩玉，非辟不入；精神物质，交相须焉。

  《檀弓》："墟墓之间，未施哀于民而民哀，社稷宗庙
之中，未施敬于民而民敬。"
  《玉藻》："君子在车则闻鸾和之声，行则鸣佩玉，是
以非辟之心无自入也。"

  孔子论为邦曰"乘殷之辂，服周之冕，乐则韶舞"，折衷
文质，不限一朝，与玉帛钟鼓之说，互相明也。然其论拜下麻冕，
区别从违。

  《论语》："麻冕礼也，今也纯俭，吾从众。拜下礼也，
今拜乎上，泰也；虽违众，吾从下。"

  章身之具，亦视财力。故行礼之车服器物，小之关一身一
家之俭奢，大之则系全国全民之赢绌。好恶风尚，不可不慎，
尧舜垂衣。

  《易·系辞》："黄帝、尧、舜垂衣裳而天下治。"

桓、管轻重。

《汉书·地理志》："桓公用管仲,设轻重以富国。合诸侯,成霸功,身在陪臣,而取三归。故其俗弥侈,织作冰纨绮绣纯丽之物,号为冠带衣履天下。"

规恢华夏,雄长海宇,以其工艺制作,可以冠带衣履天下也。观于后史,环吾族者之尊我,咸以其服物之文明,或裂弊以为仇。

《汉书·匈奴传》："初单于好汉缯絮食物,中行说曰:'匈奴人众,不能当汉之一郡;然所以强之者,以衣食异,无仰于汉。今单于变俗,好汉物,汉物不过什二,则匈奴尽归于汉矣。其得汉絮缯,以驰草棘中,衣裤皆裂弊,以视不如旃裘坚善也。得汉食物,皆去之,以视不如重酪之便美也。'"

或解辫以从化,皆可见其关系之重大。

《隋书·礼仪志》："开皇三年正月朔旦,大陈文物。时突厥染干朝见,慕之请袭冠冕,帝不许。明日拜表固请衣冠,帝大悦;谓弘(牛弘)等曰:'昔汉制初成,方知天子之贵,今衣冠大备,足致单于解辫,此乃卿等功也。'"

由此而知制礼之先，莫亟于备物。周、孔集前圣之成，以前圣能备物致用也。

《易·系辞》："备物致用，立成器以为天下利，莫大乎圣人。"

诵《世本》之《作篇》，绎《考工》之序论。

《考工记》："知者创物，巧者述之，守之世谓之工，百工之事，皆圣人之作也。烁金以为刃，凝土以为器，作车以行陆，作舟以行水，此皆圣人之所作也。"

有在昔则文明大备，在今则优劣悬殊者。捉衿纳履，无往不感物资之缺乏，固不待议礼始然；而由礼仪器物而思之，其理尤易见。故妄谓今日当务之急，当移阮元、郑珍诸儒研究古代梓匠轮舆制作之精神，从事于目前吉、军、兵宾、嘉器服之营造矣。

世多谓古者礼不下庶人（《曲礼》），以此不厝意于民众；实亦不知古礼之及于庶人者，自有其法。观宗伯之言军礼，即礼之施于大众者也。

《周官》："大宗伯以军礼同邦国，大师之礼，用众也。大均之礼，恤众也。大田之礼，简众也。大役之礼，任众也。大封之礼，合众也。"

此五礼者，虽别载于军礼，今已不获详知其条目。然司徒有教法，有比法，有田法，既通行于乡遂。

《周官》："小司徒掌建邦之教法，以稽国中及四郊都鄙之夫家九比之数，以辨其贵贱老幼废疾。凡征役之施舍，与其祭祀饮食丧纪之禁令，乃颁比法于六乡之大夫，使各登其乡之众寡、六畜、车辇，辨其物，以岁时入其数，以施政教行征令。及三年则大比，大比则受邦国之比要。"

又："乡师以国比之法，以时稽其夫家众寡，辨其老幼贵贱废疾马牛之物，辨其可任者与其施舍者，掌其戒令纠禁听其狱讼。凡四时之田，前期出田法于州里，简其鼓铎旗物兵器，修其卒伍。及期，以司徒之大旗致众庶而陈之，以旗物辨乡邑，而治其政令刑禁。巡其前后之屯，而戮其犯命者，断其争禽之讼。遂人以岁时登其夫家之众寡，及其六畜、车辇，辨其老幼废疾，与其施舍者，以颁职作事，以令贡赋，以令师田，以起征役。若起征役，则令各帅其所治之民而至，以遂人之大旗致之，其不用命者诛之。"

司法又有九法，其简稽乡民，即根据司徒乡遂之比法而行。

《周官》："大司马掌建邦国之九法，制畿封国，以正邦国。设仪辨位，以等邦国。进贤兴功，以作邦国。建牧立监，以维邦国。制军诘禁，以纠邦国。施贡公职，以任邦国。简稽乡民，以用邦国。均守平则，以安邦国。比小事大，以和邦国。"

其教振旅、茇舍、治兵、大阅，亦即根据乡遂州里之田法。

《周官》："大司马中春教振旅，司马以旗致民人平列陈，如战之陈，辨鼓铎镯铙之用。王执路鼓，诸侯执贲鼓，军将执晋鼓，师帅执提，旅帅执鼙，卒长执铙，两司马执铎，公司马执镯，以教坐作进退疾徐疏数之节，遂以搜田。夏秋之茇舍治兵大阅亦准此。"

凡民法，即军法。凡兵法，即礼法，安在礼不下庶人乎。盖民众既多，非若少数人之行礼，不难以宾主长幼率之；故必以兵法部勒，而后群众乃秩然有叙。

《周官》："乡师，大役则帅民徒而至，治其政令。既役，则受州里之役要，以考司空之辟，以逆其役事，凡邦事令作秩叙。"

古之民众能参与国事，辅志弊谋。

《周官》："小司寇之职，掌外朝之政，以致万民而询焉：一曰询国危，二曰询国迁，三曰询立君。其位，王南乡，三公及州长百姓北面，群臣西面，群吏东面，小司寇摈以叙进而问焉，以众辅志而弊谋。"

其集合行动，必有组织，盖可推见。然其根本，尤在比闾邻里及司民诸职，调查民数之精确，自生齿以上皆书之，岁登下其死生，使无一民一物，不受国法之统制。

　　司民登民数见前。州闾之记生子，则见于《内则》。其文曰：夫告宰名，宰辩告诸男名，书曰某年某月某日某生，而藏之；宰告闾史，闾史书为二：其一藏诸闾府，其一献诸州史。州史献诸州伯，州伯命藏诸州府此虽士大夫之礼，然可见州闾之史皆记载人之出生，此可以补《周官》所不载。又如《周官》媒氏掌万民之判，凡男女自成命以上，皆书年月日名焉。知古之万民，无论男女之生，皆有记载报告。而乡士又掌各乡之民数，土师掌合州党族闾比之联，与其民人之什伍，使之相安相受。职方氏又掌天下之图，以掌天下之地，辨其邦国都鄙，四夷、八蛮、七闽、九貊、五戎、六狄之人民与其财用九谷、六畜之数要，周知其利害。故如扬州二男五女，荆州一男二女，豫州、兖州、并州二男三女，青州二男二女，雍州三男二女，幽州一男三女，冀州五男二女之比例，可以由统计得之也。

　　后世兵民之政，不相联系，驱市人而使之战。民德之堕落，亦不复过问。偶集大群，嚣陵淆杂，漫无友纪。以故儒先行谊，学校箴铭，止以励少数人之礼义，不能立大多数之秩叙。乡约保甲，大率具文。计帐黄册，举非实数。甚则法出奸生，令下诈起。非徒善不足以为政，即徒法不能以自行。此不知礼者之过，然亦讲礼学者止知考古，而不知持圣哲治国平天下之法，期于实行之过也。

《汉书·董仲舒传》："今汉继秦之后，如朽木粪墙矣。虽欲善治之，亡可奈何；法出而奸生，令下而诈起。"

《后汉书·和帝纪》："永元十二年诏：'三公朕之腹心，而未获承天安民之策，数诏有司，务择良吏。今犹不改，竞为苛暴，侵愁小民，以求虚名。委任下吏，假势行邪。是以令下而奸生，禁至而诈起。巧法析律，饰文增辞，货行于言，罪成乎手，朕甚痛焉。'"

《孟子》："徒善不足以为政，徒法不能以自行。"

六、人文

化成天下，在观人文。

《易·贲卦》："文明以止，人文也。观乎人文，以化成天下。"

人文之义，颇不易言。古所谓礼之文，惟在义理。

《礼器》："先王之立礼也，有本有文。忠信，礼之本也。义理，礼之文也。无本不立，无文不行。"

人官物曲，用意深微；直情径行，或反消其迂曲。

《檀弓》："子游曰：'礼有微情者，有以故兴物者，有直情而径行者，戎狄之道也；礼道则不然。'"

例如丧服衰绖杖屦，有加有受，皆所谓文。

《仪礼·丧服》"大功章"："何以无受也，丧，成人者其文缛，未成人者其文不缛，故殇之冠不樱垂。"

后世第存斩齐功缌之名，布缕升数不可复辨，礼文之难言久矣。

又如人之函义，固指一切食味别声被色而生者而言，而礼之重人，则在别于禽兽。

《曲礼》："鹦鹉能言，不离飞鸟，猩猩能言，不离禽兽。今人而无礼，虽能言，不亦禽兽之必乎。"

夫人禽之辨，世孰不知。然以圣哲之言衡之，则有世俗以为已尽为人之道者；圣哲视之，尚未合于礼也。

《论语》："今之孝者，是谓能养。至于犬马，皆能有养，不敬何以别乎。"

《孟子》："食而弗爱，豕交之也；爱而不敬，兽畜之也。恭敬者，币之未将者也。恭敬而无实，君子不可虚拘。"

论人既严，故有成人与不成人之别。

《冠义》："凡人之所以为人者，礼义也。礼义之始，在于正容体，齐颜色，顺辞令。容体正，颜色齐，辞令顺，而后礼义备。故冠于阼以著代也，醮于客位，三加弥尊，加有成也。已冠而字之，成人之道也。见于母，母拜之，见于兄弟，兄弟拜之，成人而与为礼也。玄冠玄端，奠挚于君，遂以挚见于乡大夫乡先生，以成人见也。成人之者，将责成人礼焉也。责成人礼焉者，将责为人子，为人弟，为人臣，为人少者之礼行焉，将责四者之行于人，其礼可不重欤。故孝弟忠顺之行立，而后可以为人；可以为人，而后可以治人也。"

《礼器》："礼也者，犹体也。体不备，君子谓之不成人。设之不当，犹不备也。"

孔子与子路论成人，兼知廉勇艺及礼乐而言；而见利思义，见危授命，久要不忘者次之，人之分量，若是其难副也。

《论语》："子路问成人，子曰：'若臧武仲之知，公绰之不欲，卞庄子之勇，冉求之艺，文之以礼乐，亦可以为成人矣。'曰：'今之成人者何必然？见利思义，见危授命，久要不忘平生之言，亦可以为成人矣。'"

然就《中庸》体认，则君子之道费而隐，夫妇之愚，亦可以与知能行。故悬格虽严，而其道亦不远人。

《中庸》："道不远人，人之为道而远人，不可以为道。"

又："君子之道费而隐，夫妇之愚，可以与知焉。及其至也，虽圣人亦有所不知焉。夫妇之不肖，可以能行焉。及其至也，虽圣人亦有所不能焉。"

凡一切食味别声被色而生者，固皆可以达于成人之鹄也。由此言之，言礼必本于性善。知性之善，则人皆可以为尧舜。

《孟子》："孟子道性善，言必称尧舜。人皆可以为尧舜。"

人人不能尽为天子诸侯，而人人本其性之善，皆可以行尧舜之道。则人之上达之途，至宽至平，无阶级地位、贵贱贫富之别。凡病吾国古礼尚等威严仪式，以为不合于今人平等之精神者，皆由不知《中庸》为说礼之书，必合《周官》与《中庸》读之，更参以《论》、《孟》之精义，自可晓然无疑矣。世又病儒家博而寡要，亦未知其实而为皮相之言也。儒家尚礼，而其秉要执本，有二义焉：曰敬，曰恕。《曲礼》首标"毋不敬"前已言之。敬则视听言动，自可合礼，施之人与百姓，无不可安。

《论语》："修己以敬。修己以安人。修己以安百姓。"

而敬之所恃在修，圣哲盖视人人皆如良材名璞，无不可成大器。而其高下悬殊贤否大判者，则由切磋琢磨之功之至否。人苟自奋于修治，则其知与成功一也。

《中庸》："或生而知之，或学而知之；或困而知之，及其知之，一也。或安而行之，或利而行之，或勉强而行之；及其成功，一也。"

由修己而恕人，则于人无不能容，而心量日广，上下左右前后，洁之若矩，任何人皆安且和矣。《周官》开宗明义，曰"纪万民"，曰"扰万民"，曰"谐万民"，曰"均万民"，曰"纠万民"，曰"生万民"，皆恕道也。

《周官》："太宰掌建邦之六典，以佐王治邦国。一曰治典，以经邦国，以治官府，以纪万民。二曰教典，以安邦国，以教官府，以扰万民。三曰礼典，以和邦国，以统百官，以谐万民。四曰政典，以平邦国，以正百官，以均万民。五曰刑典，以靖邦国，以刑百官，以纠万民。六曰事典，以富邦国，以任百官，以生万民。"

后世礼法虽隳，而礼意犹联系未绝。吾民族性之宽博，由服习前哲之礼教而出于不自知，持以视并世之持狭隘之见者，各异其趣。此或观人文者所宜究欤。

民族性之优劣，每苦于不自知。昔人诗谓"不识庐山真面目，只缘身在此山中"者，即此义也。故扬诩过情，固非；而刻责太甚，亦过。论者动谓数千年来，礼坏乐崩，政不古若，陵夷衰微，不可复振。然果详察吾全民族之潜意识，则礼教之涵濡孕育，固亦未尽荡然。如普通詈人之语，恒以不成人为谯诃。即知其潜意识中咸隐隐有一成人之鹄，即礼意之常存于天壤者也。吾民弱点固多，就其优者言之：如孝慈勤俭之风尚，前已略言。兹更就习俗之人人共喻者观之，亦略有四：一曰任恤。任恤者，《周官》之教也。邻里乡党，出入相友，疾病相恤，患难相扶持，遂成恒德。唐、宋以来，乡有义仓，族有义庄，普济有院，慈幼有局，恤嫠有会。各地方志所载，废兴继起，不可胪举，他如同业有公所，同乡有会馆，各方之相勉于互助者，皆礼教任恤之流风也（他族之尚义者，或尚有过于吾民，然任恤及于世界异国，而视族姓为路人，与吾之亲亲而仁民，仁民而爱物者异）。二曰忠信。记曰：忠信之人可以学礼。人不尽忠信也，然自圣哲主忠信之教，垂口耳而浸渍于人心，有行之亦不自知其故者，夫民之废业惰游者，固若溢于都市，而勤勤恳恳，工工农农忠于职业之人，实占最大多数。

《荀子·王制篇》："农农，士士，工工，商商，一也。"

使大多数之工农不忠其职，吾曹之不能自存久矣。海通以前，大商巨贾，订货付资，刻期市易，不立契券，无爽约者。外商见之，诧为美德。今虽陵替，然甬、沪、津、粤商肆往来，犹多重然诺而恶诈谖，此非俗之重信乎。故群众之未闲礼法，有待约束整齐者，固宜加意。而群众之流风笃厚，则必善导而固存之，不可凿混沌而使之漓也。三曰明理。夫明理固文明民族所同，非吾独然。然亦有辨，强弱力也，是非理也，他族恒以强弱为是非，如以决斗定曲直是也。缘俗尚而成国策，浸至于有强权无公理，而生民之祸烈矣。吾民虽亦有械斗争哄之俗，然寻常争执，仍多就公众讲论其是非。俗语曰讲理，由讲理之词推之，吾民众公共之意识，在持理性以明是非，而不惟好勇斗狠，以逞其私意。斯义之闳，殆自《左氏》"师直为壮，曲为老"之语而来，故常有理直气壮之说。更推其精意，则曾子之自反而缩，仲山甫之不畏强御，胥吾民讲理而不尚力之所承述，而理直之师，乃非强暴所能摧挫，近事昭然，非愚曲说也。

《孟子》："昔者曾子谓子襄曰：'子好勇乎？吾尝闻大勇于夫子矣。自反而不缩，虽褐宽博，吾不惴焉。自反而缩，虽千万人，吾往矣。'"

《诗·烝民》："人亦有言，柔则茹之，刚则吐之。维仲山甫，柔亦不茹，刚亦不吐。不侮矜寡，不畏强御。"

四曰尚文。今之文视古之礼文，固大不同，而亦有其功效。村氓里妪，敬学右文，虽目不识丁，而其意孔挚，则俗之渐摩于文者深也。南朔各地，风土虽殊，而春联楹帖，家训格言，户所常悬，人皆共喻。或美天然之景物，或勉群众之躬行，此唐以前所无，而后世之进步也。他如弹词、小说、戏剧、画图，贞淫杂陈，忠奸攸判，其教广于师儒，其意通于经传，盖自荀卿《成相篇》、《汉志》《青史子》以来。

《汉书·艺文志》小说家："《青史子》五十七篇（古史官记事也）。"

久为支配社会心理之工具，化民成俗，远迈朝庙官厅之礼乐。是又不得以各地新式学校之未遍，遂谓吾国文化之不普及也。

礼俗万端，不胜觑缕。管蠡所陈，无当万一。鲁难未已，周礼犹存。因革损益，事资英彦。曾氏谓风俗厚薄，自一二人心之所向。

曾国藩《原才》："风俗之厚薄奚自乎，自乎一二人之心之所向而已。此一二人者之心向义，则众人与之赴义。一二人者之心向利，则众人与之赴利。众人所趋，势之所归，虽有大力，莫之敢逆。故曰：挠万物者莫疾乎风，风俗之于人之心，始乎微而终乎不可御者也。"

吾人苟不以一二人自诿，奋发其亲爱精诚，爱我国家，爱我民族，爱我礼教，爱我良俗，爱我圣哲遗传丰美之宝典。本秩叙，兴教育，定仪法，章人文，因时制宜，折衷至当，不独可以扬我国光，实可由兹以翊进世运。至诚尽性，与天地参，固非异人任也。

（《学原》第一卷第一期，一九四七年）

第二编 学术次第与主张

中国乡治之尚德主义

德治与法治为中西不同之宗主。其原则本于民族心理，加以哲人先识之提倡，演迤累进，奕世赓续，久之遂如人之面目，虽同一官位而精神迥异，不可强合。苟欲尽弃所习，一取于人，必致如邯郸学步，新法未得而故步已迷，此导国者所当深察也。吾诚不敢谓德治与法治得一即足，不必他求，亦不敢谓尚德者绝对无法治之思想事实，尚法者亦绝对无德治之思想事实。然其有所畸重，固灼然见于历史而不可掩。任举一端，皆可以见民族精神之表著。兹先以乡治历史，质之当世，余则俟更端论之。

地方自治。为清季剽窃西法之名词，求之中国，则固无有。吾欲取其法而肤傅之，在在见其凿枘，岂惟理论为然。各地之尝试而引为苦痛者数矣。今之醉心民治者，仍在力争地方自治之时期，而老旧之官僚震于此等名义之不可犯，而又不敢遽任其所为，则相与依违敷衍，延宕时日，藉口于程度之不足，或施行之有序。姑悬一法而力靳之，叩其心。则曰"地方自治不可行"，然亦未尝真知其不可行之本也。孟子曰："徒善不足以为政，徒法不能以自行。"今之醉心民治者，病在迷信法治万能，但令袭取异域一纸条文，举而加之吾国，便赫然可与诸先进之民主国并驾。国会、省会已为国民所共疾，然犹甘茹此苦，不敢昌言徒法之非。假令县、市、乡村一一再如法炮制，不问其民之了解自治之义与否，姑托此为名高，则乡棍、地痞、土匪、流氓群起而擅法权，将令民国一变而为匪国。然必谓此法不可行，或强制焉，或搁置焉，或虚与委蛇而徒饰其名焉，一切政本悉出于官，谓为已足，则官国之为害亦无异于匪国也。故欲造成民国，使不堕于匪国，又不令名官而实匪之徒久尸政本，长此不变，则非从吾国立国之本详究而熟审之不可矣。

清季之倡地方自治者，求法于日本，求法于欧美，独未尝反而求之中国。故中国乡治之精义，隐而不昌。然细考之，吾国自邃古迄元明，虽为君主政体，然以幅员之广，人口之众，立国之本仍在各地方之自跻于善，初非徒恃一中央政府或徒倚赖政府所任命之官吏，而人民绝不自谋。此其形式虽与近世各国所谓地方自治者不侔，然欲导吾民以中国之习惯渐趋于西方之法治，非从此参其消息，不能得适当之导线也。所惜者，吾国乡治之精义，散见诸书，从未有人汇而述之，以明其蜕变之原委。而历代之制度及先哲之议论，又实有与西方根本不同者，即其立法之始，不专重在争民权而惟重在淑民德，故于法律之权限、团体之构成，往往不加规定。而其所反复申明历千古如一辙者，惟是劝善惩恶，以造就各地方醇厚之风。徒就其蜕变之迹言之，则病在徒善不足以为政，然丁此法制万能之时，取其制度、议论而折衷焉，固未始非救病之良药也。

吾国乡治，始于唐虞，而推其本，则由于黄帝之制井田。

《通典·乡党篇》:"昔黄帝始经土设井,以塞争端,立步制亩,以防不足。使八家为井,井开四道,而分八宅,凿井于中,一则不泄地气,二则无费一家,三则同风俗,四则齐巧拙,五则通财货,六则存亡更守,七则出入相同,八则嫁娶相媒,九则有无相贷,十则疾病相救。是以情性可得而亲,生产可得而均,均则欺陵之路塞,亲则斗讼之心弭。"

至唐虞而有邻朋里邑之制。

《尚书大传》:"古之处师八家而为邻,三邻而为朋,三朋而为里,五里而为邑,十邑而为都,十都而为师,州十有二师焉。家不盈三口者不朋,由命士以上不朋。"郑玄注:州凡四十三万二千家。此盖虞夏之数也。

《通典·乡党篇》:"既牧之于邑,故井一为邻,邻三为朋,朋三为里,里五为邑,邑十为都,都十为师,师十为州。师十为州与《大传》十二师为州不同,殆举大数。夫始分之于井则地著,计之于州则数详,迄乎夏、殷不易其制。"

此其条文虽简,然可推知其组织之意不在使民抵抗官吏,保护其财产、身体、言论之权,而在养成人民亲睦和乐之德,使之各遂其生。是即吾国乡治之滥觞,而后来种种法制及言论皆由此而递演递进者也。

井田之制,至周而变。从来讲历史者皆误以为周代大行井田之制,实则周之特色即在改前代之井田为非井田之制，其有行井田者特沿前代之遗迹未尽改者耳。故唐虞夏商乡邑之组织皆自八家起，而周代乡遂之组织则自五家起。

《周礼》："大司徒：令五家为比使之相保，五比为闾使之相受，四闾为族使之相㙒，五族为党使之相救，五党为州使之相赒，五州为乡使之相宾。"

又："族师：五家为比，十家为联；五人为伍，十人为联；四闾为族，八闾为联。使之相保、相受，刑罚庆赏相及、相共，以受邦职，以役国事，以相㙒埋。"

又："比长各掌其比之治，五家相受相和亲，有罪，奇邪则相及。"

又："遂人掌邦之野，以土地之图经田野，造县鄙形体之法。五家为邻，五邻为里，四里为酂，五酂为鄙，五鄙为县，五县为遂。"

又："邻长掌相纠相受，凡邑中之政相赞。"

原其用意，始亦有关于军制之变革，然昔之地方组织，第一级八家，第二级即二十四家，至此则第一级五家，第二级十家十家为联，第三级二十五家五比为闾，以渐而进。其法盖视前为密，而相保、相受、相和亲则与八家同井者无别也。当时比、闾、族、党之首领，皆自人民选举，而所重者则在人民之德行道艺。

《周官》："乡大夫之职，正月之吉受教法于司徒，退而颁之于其乡吏，使各以教其所治，以考其德行，察其道艺。"

合则书而举之，不合则挞而罚之。

《周官》："闾胥：凡事掌其比觼挞罚之事。"

虽其法受于政府，似乎纯为官治而非民治，然吾侪试平心思之，宁合乡里诸无赖，假以法权，即为民治乎？抑乡之人必有所选择，使善者自谋其乡之为愈乎？此其理之明，固不待智者而可决也。

《周官》之后，详言乡治者莫如《管子》。《管子》所载乡里选举之制，尤详于《周官》，而其注重德治之意，亦随在可见。

《管子·立政篇》："分国以为五乡，乡为乡师；分乡以为五州，州为州长；分州以为十里，里为里尉；分里以为十游，游为游宗。十家为什，五家为伍，什伍皆有长焉。乡、州什伍之制皆本《周官》，特里游之数稍加变通耳。筑障塞匿，一道路，博出入，审闾闬，慎管键。管藏于里尉，置关有司，以时开闭。关有司观出入者以复于里尉。凡出入不时、衣服不中、圈属群徒、不顺于常者，关有司见之复无时。若在长家子弟、臣妾、属役、宾客，则里尉以谯于游宗，游宗以谯于什伍，什伍以谯于长家，谯徼而勿复，一再则宥，三则不赦。凡孝悌、忠信、贤良、俊材，若在长家子弟、臣妾、属役、宾客，则什伍复于游宗，游宗以复于里尉，里尉以复于州长，州长以计于乡师，乡师以著于士师。凡过党，其在家属及于长家，其在长家及于什伍之长，其在什伍之长及于游宗，其在游宗及于里尉，其在里尉及于州长，其在州长及于乡师，其在乡师及于士师。三月一复，六月一计，十二月一著。凡上贤不过等，使能不兼官，罚有罪不独及，赏有功不专与。"

不德则谯徼，有过则连坐，惟孝弟、忠信、贤良、俊材者，亟白于上无隐，此非其重德治之明证乎？虽然，《周官》所重之德行道艺，《管子》所重之贤良、俊材，亦自有其界说，非后世之空无道德者可比。盖当时人民对于国家及地方，须人人各尽其义务，人民之道德，即于其服务时徵之。如周之师田行役，

《周官》："乡师之职，大役，则帅民徒而至，治其政令。既役，则受州里之役要，以考司空之辟，以逆其役事。凡邦事，令作秩叙。大军旅会同，正治其徒役与其輂辇，戮其犯命者。凡四时之田，前期出田法于州里，简其鼓铎旗物兵器，修其卒伍。及期，以司徒之大旗致众庶，而陈之以旗物，辨乡邑而治其政令刑禁，巡其前后之屯而戮其犯命者，断其争禽之讼。"

又："州长：若国作民而师田行役之事，则帅而致之，掌其戒令，与其赏罚。"

又："党正：凡其党之祭祀、丧纪、昏、冠、饮酒，教其礼事，掌其戒禁。凡作民而师田行役，则以法治其

政事。"

又："族师：若作民而师田行役，则合其卒伍，简其兵器，以鼓铎旗物帅而至，掌其治令，戒禁刑罚。"

齐之备水作土，

《管子·度地篇》："桓公曰：'请问备五害之道。'管子对曰：'请除五害之说，以水为始。请为置水官，令习水者为吏，大夫、大夫佐各一人，率部校长官佐如财足，乃取水左右各一人，使为都匠水工，令之行水道城郭堤川沟池官府寺舍，及州中当缮治者，给卒财足。令曰：常以秋岁末之时阅其民，案家人，比地，定什伍口数，别男女大小。其不为用者辄免之。有痼病不可作者，疾之。可省作者，半事之。并行以定甲士当被兵之数，上其都，都以临下，视有余不足之处，辄下水官。水官亦以甲士当被兵之数，与三老里有司伍长行里，因父母案行阅具备水之器。以冬无事之时藏甂板筑各什六，土车什一，雨輂什二，食器两具，人有之，锢藏里中，以给丧器。后常令水官吏与都匠因三老里有司伍长案行之，常以朔日始出具阅之，取完坚，补弊久，去苦恶。常以冬少事之时令甲士以更次盖薪积之水旁，州大夫将之，唯毋后时。其积薪也，以事之已，共作土也，以事未起。天地和调，日有长久，以此观之，其利百倍。故常以毋事具器，有事用之，水常可制，而使毋败。此谓素有备而豫具者也。故吏者所以教顺也，三老、里有司、伍长者所以为率也。五者已具，民无愿者，愿、其毕也。故常以冬日顺三老、里有司、伍长，以冬赏罚，使各应其赏而服其罚。'"

皆人民所当从事。若则敬敏，若则偷惰，若则和顺，若则乖戾，即事绳之，众所共见。长老执法，从而赏罚，则事无不举，人无不励，此古之所谓乡治也。

自秦以降，制产不均。乡治之本，渐即隳废。然秦汉之世，乡老、啬夫诸职，犹周、齐乡遂、游宗、里尉之遗也。

《汉书·百官公卿表》："大率十里一亭，亭有长；十亭一乡，乡有三老、有秩、啬夫、游徼。三老掌教化，啬夫职听讼、收赋税，游徼徼循、禁贼盗。县大率方百里，其民稠则减，稀则旷，乡亭亦如之，皆秦制也。"

《续汉书·百官志》："乡置有秩、三老、游徼。（本注曰：有秩，郡所署，秩百石，掌一乡人。其乡少者，县置啬夫一人。皆主知民善恶、为役先后，知民贫富、为赋多少，平其差品。三老掌教化，凡有孝子、顺孙、贞女、义妇、让财、救患及学士为民法式者，皆扁表其门，以兴善行。游徼掌徼巡禁司奸盗。又有乡佐，属乡，主民，收赋税。）里有里魁，民有什伍，善恶以告。（本注曰：里魁掌一里百家，什主十家，伍主五家，以相检察。民有善事、恶事，以告监官。）"

俞理初《少吏论》考其制度之沿革及事迹最详。

《癸巳类稿·少吏论》："汉自里魁至三老,亦以次迁。《汉官旧仪》云:就田里民,应令选为亭长。《史记·田叔列传》褚先生云:任安为求盗亭父,后为亭长,后为三老,举为亲民,出为三百石长,治民。《汉书·朱博传》:以亭长为功曹。《朱邑传》:以啬夫为太守亭史。《张敞传》:以乡有秩补太守卒史。《后汉书·王忳传》:为大度亭长仕郡功曹、州治中从事,又言鹴亭亭长后为县门下游徼。《陈实传》:为郡西门亭长,寻转功曹,后为县长。《汉书·高帝纪》云:三老,乡一人,择乡三老一人为县三老,县三老有事与县相教。盖在长吏、少吏间,即所谓举为亲民者。又国家有赐乡三老帛三匹,县三老帛五匹,是其阶由里魁、亭父而亭长,亭长或为功曹,或为游徼。由游徼而啬夫、乡三老,由啬夫、乡三老而县三老,或为县门下游徼,或为郡太守卒史。《循吏传》云:置二百石卒史,逾常制,奖之。《儒林传》云:左、右内史卒史二百石,郡太守卒史百石。则郡卒史百石,常也。乡三老惟郡署者百石。《赵广汉传》云:奏请长安游徼秩百石,他游徼不百石也。《韩延寿传》:啬夫在三老前,三老、啬夫事同而置啬夫者多也。《后汉书·仲长统传》《损益》篇注引阚骃《十三州志》云:有秩啬夫得假半章印,则三老可知。此少吏阶秩也。汉法最详,有事可征。其与古不同者,《伏生唐虞传》云:八家为邻,二十四家为朋,七十二家为里。《周官》大司徒职云:五家为比,二十五家为闾,百家为族,五百家为党,二千五百家为州,万二千五百家为乡。遂人制同,特邻、里、鄷、鄙、县、遂名异。《通典》云:周州长、党正、族师、闾胥、比长、县正、鄙师、鄹长、里宰、邻长皆乡里之官也。大凡各掌其州、里、乡、党之政治。《鹖冠子·王铁》篇言：楚法，五家伍长，五十家里有司，二百家扁长，二千家乡师，万家县啬夫，十万家郡大夫。出入相司，居处相察。汉则五家为伍，十家为什，百家里魁，千家亭长，万家乡三老、啬夫，其法仿于《管子》。《管子·禁藏》篇云：辅之以什，司之以伍。《度地》篇云：百家为里，是什、伍、里同也。《度地》又云：水官亦以甲士，与三老、里有司、伍长行里。又云：三老、里有司、伍长者，所以为率也。则三老名同，其里有司、伍长即里魁、什伍。汉游徼则《言政》篇之游宗。啬夫则《管子》云啬夫、伍事人。惟亭长秦制，《续汉志》注言：秦作绛褠，为武将首饰，汉加其题额，名曰帻。又引《汉官仪》云：尉、游徼、亭长皆习设备五兵，鼓吏，赤帻大冠，行縢、带剑、佩刀，持盾、被甲，设矛戟，习射。故虫之赤头者，《本草》谓之'葛上亭长'，《名医别录》：秦后名也。其啬夫之名最古，《左传》引《夏书》：'巳月日食有啬夫'即今枚本'戌月日食之啬夫'。周觐礼啬夫承命告于天子，注云：司空之属，以王朝官不在王官知之。《淮南子·人间训》中行穆子时有啬夫，《说苑·权谋篇》中行文子时有啬夫，《魏策》周最张仪事有啬夫，又《史记·滑稽列传》魏文侯时有三老，《韩非子·内储说》秦昭襄时有里正、伍老，《礼记·杂记》里宰注引《王度记》云：百户为里，里一尹，其禄如庶人在官者。《正义》引刘向《别录》云：《王度记》，齐宣王时淳于髡等所说，其以百户为里，合于《管子》，盖《管子》之法行也久矣。"

顾亭林论乡亭之职，则谓三代明王之治亦不越乎此。

《日知录》："《汉书·百官表》云云，此其制不始于秦汉也。自诸侯兼并之始，而管仲、芍敖、子产之伦所以治其国者，莫不皆然。而《周礼·地官》自州长以下有党正、族师、闾胥、比长，自县正以下有鄙师、酂长、里宰、邻长，则三代明王之治亦不越乎此也。夫惟于一乡之中官之备而法之详，然后天下之治若网之在纲，有条而不紊。柳宗元曰：有里胥而后有县大夫，有县大夫而后有诸侯，有诸侯而后有方伯、连帅，有方伯、连帅而后有天子。由此论之，则天下之治始于里胥，终于天子，其灼然者矣。故自古及今，小官多者，其世盛；大官多者，其世衰。兴亡之涂，罔不由此。"

虽其分职立名，类似官吏，与今之地方选举自治职员有别，亦与周之读法校比以行选举者不同。然《汉官旧仪》明云选为亭长，则自里魁、什伍至亭长，故皆民所推选，惟其选举之法，不似周及今日之精密。而郡署有秩，县置啬夫，则又明属官厅之任命，且其升转阶级亦厘然可考。故此诸职，仅可谓为少吏，而不可目为民人之代表，此则中国乡治立法之观念与近世民治观念根本相左者也。然三老掌教化，啬夫主知民善恶，里魁、什伍主检察民之善事、恶事，则与周之注重德行、道艺，齐之注重贤良、俊材，仍属后先一贯，故知周齐秦汉法治有蜕化而德治无变迁。汉制且明着孝子、顺孙、贞女、义妇、让财、救患及学士为民法式者，皆扁表其门，其于导扬民德且视前代为进，而奖励学术自乡里始，又岂仅以议决地方出入款目，为尽地方自治之能事已哉？俞氏论少吏治事，首举此义，实有特识。

《癸巳类稿·少吏论》："古今论少吏治者理而陈之，则有五事：其一以知闾阎善恶。汉制，里魁、什伍以告监官，监官，长吏也。《周官》太宰职九两，七曰吏以治得民，注云：吏，小吏在乡邑者。《管子·权修》篇云：乡与朝争治，故朝不合，众乡分治也。又云：有乡不治，奚待于国，言无以待国之治。又云：国者，乡之本也，言国治以乡为本。《八观》云：乡官无法制，百姓群徒不从，此亡国弑君之所自生也。其重乡治若此。《汉书·武帝纪》：元狩五年，诏云：'谕三老以孝弟为民师，举独行之君子，徵诣行在所。'亦以三老、孝弟与徵举之事。孝弟，力田者，汉高后置，不在少吏也。《司马相如传》云：让三老、孝弟，以不教训之罪。《韩延寿传》云：骨肉争讼，使贤长吏、啬夫、三老、孝弟受其耻，啬夫、三老自系待罪。是有师责三老或兼孝弟。《文帝纪》：十二年，诏云：'三老，众民之师也。'《续汉志》云：乡有孝子、顺孙、贞女、义妇、让财、救患及学士为民法式者，三老扁表其门，若后世官为旌表。自魏晋来，言少吏者以教化为称首，则亦聊举为文辞而已。"余四事，一以征调军旅、一以知户口赋税、一以察奸弭盗、一用为官役，其文甚长，不具录。

观后汉爰延、仇览等之化行其乡，知当时任地方之职者最能治其一地，不藉官力。

《后汉书·爰延传》："为乡啬夫，仁化大行，但闻啬夫，不知郡县。"

又《仇览传》："为蒲亭长，劝人生业。为制科令，至于果菜，为限鸡豕有数，农事既毕，乃令子弟群居还就黉学。其剽轻游恣者皆役以田桑，严设科罚，躬助丧事，赈恤穷寡。期年，称大化。"

吾谓地方真正自治必须以此为式，否则徒具条文，巧立名目，扰攘竞夺，无一事之举行。猥曰地方自治，是自乱耳，恶足云治哉？

三国以降，地方组织以次蜕变，其见于史者，晋有啬夫、治书史、史佐、正、里吏、校官佐等，

《晋书·职官志》："县五百以上，皆置乡。三千以上，置二乡；五千以上，置三乡；万以上，置四乡。乡置啬夫一人，乡户不满千以下，置治书史一人；千以上置史、佐各一人，正一人；五千五百以上置史一人，佐二人。县率百户置里吏一人，其土广人稀听随宜置里吏，限不得减五十户。户千以上置校官掾一人。"东晋以后，始皆仿此法。《通典·职官》称宋五家为伍，伍长主之。二伍为什，什长主之。十什为里，里魁主之。十里为亭，亭长主之，十亭为乡，乡有乡佐、三老、有秩、啬夫、游徼各一人。所职与秦汉同。按《宋书·百官志》虽

有此文，似述古制，并非宋之定章，志称众职，或此县有而彼县无，各有旧俗，无定制也，杜氏似未喻此意，故误以为宋制直同秦汉。

元魏有邻长、里长、党长等，

《魏书·食货志》："魏初不立三长，故民多荫附。荫附者，皆无官役，豪强徵敛，倍于公赋。太和十年，给事中李冲上言：宜准古五家立一邻长，五邻立一里长，五里立一党长，长取乡人强谨者。邻长复一夫，里长二，党长三，所复复征戍，余若民。三载亡愆则陟，用陟之一等。孤独癃老笃疾贫穷不能自存者，三长内迭养食之。书奏，诸官通议称善者众，高祖从之。于是遣使者行其事。初，百姓咸以为不若循常，豪富并兼者尤弗愿也。事施行后，计省昔十有余倍，于是海内安之。"

北齐有里正，

《隋书·百官志》："邺领一百三十五里，里置正。临漳领一百一十四里，里置正。成安领七十四里，里置正。"

隋有乡官，而职掌不详。

《通典》："隋以周、齐州郡县职，自州都、郡正、县正以下皆州郡将县令所自调用理时事。至开皇初，不知时事，直谓之乡官。开皇十五年，罢州县乡官。"

其见于石刻者，魏有族望、民望，

《张猛龙碑》阴有鲁县族望颜骠、汶阳县族望鲍黄头、阳平县族望吴安世、弁县族望隽伯符等。

《敬史君碑》阴有民望沈清都、民望陈树等。

齐有邑老、乡老等，

《宋显伯等造像记》碑阴有邑老河内郡前功曹王瓮、邑老旨授洛阳令盖僧坚等。

《隽修罗碑》有乡老孙嗷鬼等。

而隽修罗之举孝义，至合乡老一百余人为之刊石立碑，则仍汉代扁表孝子、顺孙、贞女、义妇之法矣。

《大齐乡老举孝义隽修罗之碑》："唯皇肇祚大齐受命，引轩辕之高口，绍唐虞之遐统。应孝义以致物，扬人风以布则，于是缉熙前绪，照显上世。隽敬字修罗，钻土长安，食采勃海。前汉帝臣隽不疑公之遗孙，九世祖朗，迁官于鲁，遂住洙源。幼倾乾荫，唯母偏居。易色承颜，董生未必过其行，守信志忠，投杼岂能看其心。舍田立寺，愿在菩提。酿味养僧，缨络匪吝。救济饥寒，倾壶等意。少行忠孝，长在仁伦。可钦可美，莫复是过。盖闻论贤举德，古今通尚，匿秀蔽才，锥囊自现。余等乡老壹伯余人，目睦其事，岂容嘿焉？□刊石立□，以彰孝义。非但树名今世，亦劝后生义夫节妇。"《续金石萃编》跋："按，北齐孝昭帝演以乾明元年八月即位，改元皇建。诏遣大使巡省四方，观察风俗，搜访贤良。故乡老等举隽敬应诏，且刊石树名也。"

魏晋之世，专重乡评。朝廷用人，必经中正品定。虽其法无关于治理地方，而其意则专重在表扬德行。近世顾亭林、赵云松等论其事之利弊綦详。

《日知录》："魏晋九品中正之设虽多失实，凡被纠弹付清议者即废弃终身，同之禁锢。原注：《晋书·卞壶传》。至宋武帝篡位，乃诏有犯乡论清议赃污淫盗，一皆荡涤洗除，与之更始。自后凡遇非常之恩，赦文并有此语。原注：齐、梁、陈诏并云洗除，先注当日乡论清议，必有记注之目。《小雅》废而中国微，风俗衰而叛乱作耳。然乡论之污，至烦诏书为之洗刷，岂非三代之直道尚在于斯民而畏人之多言，犹见于变风之日乎？"

《廿二史札记》："魏文帝初定九品中正之法，郡邑设小中正，州设大中正，由小中正品第人才，以上大中正，大中正核实，以上司徒，司徒再核，然后付尚书选用。此陈群所建白也。行之未久，夏侯玄已谓中正干铨衡之权。《玄传》。而晋卫瓘亦言：'魏因丧乱之后，人士流移，考详无地，故立此法，粗具一时选用。其始乡邑清议，不拘爵位，褒贬所加，足为劝励，犹有乡论余风。其后遂计资定品，惟以居位为重.' 是可见法立弊生，而九品之升降尤易淆乱也。今以各史参考，乡邑清议亦有时主持公道者。如陈寿遭父丧，有疾，令婢丸药，客见之，乡党以为贬议，由是沈滞累年，张华申理之，始举孝廉《寿传》。阎乂亦西州名士，被清议，与寿皆废弃《何攀传》。卞粹因弟衷有门内之私，粹遂以不训见讥被废《卞壹传》。并有已服官而仍以清议升黜者。长史韩预强聘杨欣女为妻，时欣有姊丧未经旬，张辅为中正，遂贬预以清风俗《辅传》。陈寿因张华奏，已官治书侍御史，以亓母洛阳，不归丧于蜀，又被贬议，由此遂废《寿传》。刘颂嫁女于陈峤，峤本刘氏子，出养于姑，遂姓陈氏，中正刘友讥之《颂传》。李含为秦王郎中令，王薿，含俟亓讫除丧，本州大中正以名义贬含，傅咸申理之，诏不许，遂割为五品《含传》。淮南小中正王式父没，其继母终丧，归于前夫之子，后遂合亓于前夫。卞壶劾之，以为犯礼害义，并劾司徒及扬州大中正、淮南大中正，含容徇隐。诏以式付乡邑清议，废终身《壶传》。温峤已为丹阳尹，平苏峻有大功，司徒长史孔愉以峤母亡，遭乱不亓，乃下其品《愉传》。是已入仕者，尚须时加品定，其法非不密也。中正内亦多有矜慎者，如刘毅告老，司徒举为青州大中正，尚书谓毅既致仕，不宜烦以碎务，石鉴等力争，乃以毅为之。铨正人流，清浊区别，其所弹贬，自亲贵者始《毅传》。司徒王浑奏周馥理识清正，主定九品，检括精详，褒贬允当《馥传》。燕国中正刘沈举霍原为二品，司徒不过，沈上书谓原隐居求志，行成名立，张华等又特奏之，乃为上品《李重、霍原传》。张华素重张轨，安定中正蔽其善，华为延誉，得居二品《轨传》。王济为太原大中正，访问者论邑人品状，至孙楚，则曰：‘此人非卿所能目，吾自为之。’乃状曰：‘天才英博，亮拔不群。’《楚传》。华恒为州中正，乡人任让轻薄无行，为恒所黜《恒传》。韩康伯为中正，以周羲居丧废礼，脱落名教，不通其议《康伯传》。陈庆之子暄，以落魄嗜酒，不为中正所品，久不得调《庆之传》。此皆中正之秉公不挠者也。然进退人才之权，寄之于下，岂能日久无弊？晋武为公子时，以相国子当品，乡里莫敢与为辈，十二郡中正共举郑默以辈之《默传》。刘卞初入太学，试经当为四品，台吏访问，助中正采访之人。欲令写黄纸一鹿车，卞不肯，访问怒，言之于中正，乃退为尚书令史《卞传》。孙秀初为郡吏，求品于乡议，王衍将不许，衍从兄戎劝品之。及秀得志，朝士有宿怨者皆诛，而戎、衍获济《戎传》。何劭初亡，袁粲来吊，其子岐辞以疾，粲独哭而出，曰：‘今年决下婢子品。’王诠曰：‘岐前多罪时，尔何不下，其父新亡，便下岐品，人谓畏强易弱也。’《何劭传》可见是时中正所品高下，全以意为轻重。故段灼疏言，九品访人，惟问中正，据上品者，非公侯之子孙，即当途之昆弟《灼传》。刘毅亦疏言，高下任意，荣辱在手，用心百态，求者万端《毅传》。此九品之流弊见于章疏者，真所谓‘上品无寒门，下品无世族’。高门华阀有世及之荣，庶姓寒人无寸进之路，选举之弊，至此而极。”

然即置其重伦理彰清议之善，专就其弊言之，亦惟是较量门阀、怀挟恩怨两端，绝无近日公然贿买聚众劫持之事。是可知社会制裁之力，愈于法律万万，徒恃法律而社会无公正之舆论以盾其后，不可轻言选举也。

唐之法制，多沿周、隋，地方区划，亦有规定，里正、耆老、村正、坊正、保长等名目甚夥。降及五代，犹其沿制。

《唐六典》："百户为里，五里为乡，两京及州县之廓内分为坊，郊外为村。里及村、坊皆有正，以司督察。里正兼课植农桑，催驱赋役。四家为邻，五家为保，保有长以相禁约。"

《通典》："大唐凡百户为一里，里置正一人；五里为一乡，乡置耆老一人，以耆年平谨者县补之，亦曰父老。贞观九年，每乡置长一人、佐二人，至十五年省。"

《册府元龟》："唐制，百户为里，里置正；五里为乡，乡置耆老，亦曰父老。五代因之。"

《文献通考》："唐令诸户以百户为里，五里为乡，四家为邻，五家为保。每里设正一人，若山谷阻险、地远人稀之处，听随便量置。掌按比户口，课植农桑，检察非违，催驱赋役。在邑居者为坊，别置正一人，掌坊门管钥，督察奸非，并免其课役。在田野者为村，别置村正一人，其村满百家增置一人，掌同坊正。其村居如满十家者，隶入大村，不须别置村正。天下户，量其资产升降定为九等，三年一造户籍，凡三本，一留县，一送州，一送户部。常留三比在州县，五比送省。诸里正县司选勋官六品以下白丁清平强干者充，其次为坊正，若当里无人，听于比邻里简用。其村正取白丁充，无人处里正等并通取十八以上中男，残疾免充。"

又："周显德五年，诏诸道州府令团并乡村，大率以百户为一团，每团选三大户为耆长。凡民家之有奸盗者，三大户察之，民田之有耗登者，三大户均之，仍每及三载即一如是。"

然其人似是但服造籍、察奸、督赋、应差诸役，迥非秦汉三老、啬夫之比。李习之《平赋书》远本《周官》，然其言乡正之职事，仅有劝告乡人归还公蓄一节，而不复准周之里、闾、族、党之选举书升，知虽大儒如习之，其理想中尚不以乡治为立国之基本。斯实古今民治与官治递嬗之关键也。

李翱《平赋书》："凡十里之乡，为之公囷焉。乡之所入于公者，岁十舍其一于公囷，十岁得粟三千四百五十有六石。十里之乡多人者不足千六百家，乡之家保公囷便勿偷，饥岁并人不足于食，量家之口多寡，出公囷与之而劝之种，以须麦之升焉。及其大丰，乡之正告乡之人归公所与之蓄，当戒必精，勿濡以内于公囷。穷人不能归者，与之勿徵于书。"

宋代制度，去古益远，里正、户长，徒给差役，其于政教，关系甚微。

《文献通考》："国初循旧制，衙前以主官物，里正、户长、乡书手以课督赋税，耆长之手壮丁，以逐捕盗贼。淳化五年，令天下诸县以第一等户为里正，第二等户为户长。勿得冒名以给役，讫今循其制。役之重者，自里正、乡户为衙前，主典府库，或輦运官物，往往破产。"

熙宁新法，遂主雇役，南渡以后，则有保长、保正等制，其贱尤甚。

《文献通考》："十大保为一都，二百五十家内通选才勇、物力最高二人充，应主一都盗贼、烟火之事。大保长一年替，保正、小保长二年替，户长催一都人户夏、秋二税，大保长愿兼户长者，输催纳税租一税一替欠数者后料人催。以上系中兴以后差役之法，已充役者谓之'批朱'，未曾充役者谓之'白脚'。"

然物穷则反，官役无与于乡治，而讲求古礼者遂别创乡约，以蕲复古者乡治之精神。

《宋元学案》："吕大钧字和叔，于张横渠为同年友，心悦而好之，遂执弟子礼。横渠之教，以礼为先，先生条为乡约，关中风俗为之一变。

《吕氏乡约》德业相规：德谓见善必行，闻过必改，能治其身，能治其家，能事父兄，能教子弟，能御僮仆，能肃政教，能事长上，能睦亲故，能择交游，能守廉介，能广施直，能受寄托，能救患难，能导人为善，能规人过失，能为人谋事，能为众集事，能解斗争，能决是非，能兴利除害，能居官举职。业谓居家则事父兄、教子弟、待妻妾，在外则事长上、接朋友、教后生、御僮仆，至于读书、治田、营家、济物、畏法令、谨租赋，如礼、乐、射、御、书、数之类，皆可为之，非此之类，皆为无益。右件德业同约之人，各自进修，互相劝勉。会集之日。相与推举其能者，书于籍，以警励其不能者。

又过失相规：过失谓犯义之过六，犯约之过四，不修之过五。犯义之过，一曰酗博斗讼、二曰行止逾违、三曰行不恭逊、四曰言不忠信、五曰造言诬毁、六曰营私太甚。犯约之过，一曰德业不相励、二曰过失不相规、三曰礼俗不相成、四曰患难不相恤。不修之过，一曰交非其人、二曰游戏怠惰、三曰动作威仪、四曰临事不恪、五曰用度不节。右件过失同约之人，各自省察，互相规戒。少则密规之，大则众戒之，不听则会集之日，值月以告于约正，约正以义理诲谕之，谢过请改，则书于籍以俟，其争辩不服与终不能改者，皆听其出约。

又礼俗相交：礼俗之交，一曰尊幼辈行、二曰造请拜揖、三曰请召送迎、四曰庆吊赠遗。右礼俗相交之事，值月主之有期日者为之期日，当纠集者督其违慢。凡不如约者以告于约正，而诘之且书于籍。

又患难相恤：患难之事七，一曰水火、二曰盗贼、三曰疾病、四曰死丧、五曰孤弱、六曰诬枉、七曰贫乏。右患难相恤之事，凡有当救恤者，其家告于约正，急则同约之近者为之告，约正命值月遍告之，且为之纠集而绳督之。凡同约者，财物、器用、车马、人仆皆有无相假，若不急之用及有所妨者，则不必借。可借而不借，及逾期不还，及损坏借物者，论如犯约之过，书于籍。邻里或有缓急，虽非同约而先闻知者，亦当救助，或不能救助则为之告于同约而谋之，有能如此，则亦书其善于籍，以告乡人。"

其后朱子又增损之，而别为月旦集会读约之礼。

《朱子集》："乡约四条，本出蓝田吕氏，今取其它书及附己意稍增损之，以通于今，而又为月旦集会读约之礼如左方曰：凡预约者，月朔皆会，朔日有故，则前期三日别定一日，直月报会者所居远者惟赴孟朔又远者岁一再至可也。直月率钱具食。每人不过一二百，孟朔具果酒三行、面饭一会，余月则去酒果或直设饭可也。会日夙兴，约正副正直月本家行礼，若会族罢。皆深衣俟于乡校，设先圣先师之象于北壁下，无乡校则择间宽处。先以长少叙拜于东序，凡拜，尊者跪而扶之，长者跪而答，其半稍长者俟其俯伏而答之。同约者如其服而至，有故则先一日使人告于直月，同约之家子弟虽未能入籍，亦许随众序拜，未能序拜亦许侍立观礼，但不与饮食之会，或别率钱略设点心于他处。俟于外次。既集，以齿为序立于门外东向北上，约正以下出门西向南上，约正与齿最尊者正相向。揖迎入门，至庭中北向，皆再拜。约正升堂上香，降，与在位者皆再拜。约正升降皆自阼阶。揖分东西向位，如门下之位。约正三揖，客三让，约正先升，客从之，约正以下升自阼阶，余人升自西阶，皆北向立。约正以下西上，余人东上。约正少进，西向立，副正直月次其右少退，直月引尊者东向南上，长者西向南上。皆以约正之年推之，后放此。西向者其位在约正之右少进余人如故。约正再拜，凡在位者皆再拜。此拜尊者。尊者受礼如仪，惟以约正之年为受礼之节。退北壁下，南向东上立。直月引长者东向，如初礼，退则立于尊者之西东上。此拜长者，拜时惟尊者不拜。直月又引稍长者东向南上，约正与在位者皆再拜，稍长者答拜，退立于西序东向北上。此拜稍长者，拜时尊者、长者不拜，直月又引稍少者东向北上，拜约正，约正答之，稍少者退，立于稍长者之南。直月以次引少者东北向西北上拜约正，约正受礼如仪，拜者复位。又引幼者亦如之，既毕，揖各就次。同引未讲礼者拜于西序，如初。顷之，约正揖就座。约正坐堂东南向，约中年最尊者坐堂西南向，副正直月次约正之东南向西上，余人以齿为序，东西相向，以北为上。若有异爵者，则坐于尊者之西南向东上。直月抗声读约一过，副正推说其意未达者，许其质问。于是约中有善者众推之，有过者直月纠之。约正询其实状于众，无异辞，乃命直月书之。直月遂读记善籍一过，命执事以记过籍遍呈在座，各默观一过。既毕，乃食。食毕少休，复会于堂，或说书，或习射，讲论从容，讲论须有益之事，不得辄道神怪、邪僻、悖乱之言，及私议朝廷州县政事得失，及扬人过恶，违者直月纠而书之。至晡乃退。"

观其法，盖纠同志之人为同约，推举齿德俱尊者为约正、约副，余人按月执事，谓之直月。有过不改者则出约，而入约并无何等资格限制，约中亦无经费，据朱子所定，仅有率钱具食一则，其科条殊为单简。吕氏约文固不提及地方公益之事，朱子之约则并禁及私议朝廷州县政事得失。惟德业相劝条有为众集事、兴利除害二则，亦非完全不问地方公众利害。是此等团体纯然出于政治范围之外，持较今之地方自治，更不可同年而语矣。然由此可知，吾国自周至汉，乡里组织之法本兼含民政、民德两种性质，累朝蜕变，民政不修，一切责成于官，而服务于官者又多猥贱无学，不足齿数，惟考道论德之风尚存于高等社会。于是留心乡里者，以为民德不兴，不可以言治。姑先纠其性质，相近者集合约束，造成一种良善之俗，而后徐复三代之规，故其所责望于同约之人者至深，而未尝谓纠集多人即可为抵制暴君污吏之具，此其思想及事实变迁之迹之灼然可按者也。然则当两宋时，民德堕落已可概见，如吕氏约文所云，酗博斗讼、营私太甚等事，皆可见其时有此等败行，实所在皆是，官吏亦不能禁，惟期其能自治。假令有学识者徒务治权，纠约此等酗博斗讼营私太甚之人以与地方官吏争长短，终必为众所累，而于事亦无济，故诸儒所重不在权利之分明，而在德业之互助也。

吕、朱之法仅可以见其时学者之理想，固未必征之事实，即史称和叔先生条为乡约，关中风俗为之一变，亦不过一部分之现象，未能推行全国也。宋亡于元，而诸儒蕴蓄未行之思想，转发见于元代。余读《元典章》劝农立社之法，叹其条画之精密，突过前代，有吕、朱乡约之意。而以农民全体行之，其于振兴农田水利，尤三致意，盖合民生、民德二者而兼筹之。史册所载，人民团体经营地方公益之条文。未有详于此者也。

《元典章·户部九》立社："劝农立社事理一十五款至元二十八年，尚书省奏奉圣旨节，该将行司农司、劝农司衙门罢了，劝课农桑事理并入按察司。除遵依外，照得中书省先于至元二十三年六月十二日奏过事，内一件奏立大司农司的圣旨。奏呵与者么道圣旨有来。又仲谦那的每行来的条画在先，他省官人每的印位文字行来，如今条画根底省家文字里交行呵，怎生么道。奏呵那般者么道圣旨了也。钦此。圣旨定到，条画开坐前去，仰依上劝课行。一、诸县所属村疃，凡五十家立为一社，不以是何诸色人等并行立社。令社众推举年高通晓农事有兼丁者，立为社长。如一村五十家以上，只为一社，增至百家，另设社长一员，如不及五十家者，与附近村分相并为一社。若地远人稀，不能相并者，斟酌各处地面各村自为一社者听。或三四村五村并为一社，仍于酌中村内选立社长。官司并不得将社长差占，别管余事，专一教劝本社之人。籍记姓名，候点官到彼对社众责罚，仍省会社长，却不得因而搔扰，亦不得率领社众非理动作，聚集以妨农时。外据其余聚众作社者，并行禁断。若有违犯，从本处官司就便究治。一、农民每岁种田，有勤谨趁时而作者，懒惰过时而废者，若不明谕，民多苟且。今后仰社长教谕，各随风土所宜，须管趁时农作。若宜先种，尽力先行布种植田，以次各各随宜布种，必不得已，然后补种晚田、瓜菜，仍于地头道边各立牌橛，书写某社长某人地段，仰社长时时往来默觇奖勤惩惰，不致荒芜。仍仰隄备天旱，有地主户量种区田，有水则近水种之，无水则凿井，如井深不能种区田者，听从民便；若水田之家，不必区种。据区田法度，另行发去，仰本路刊板，多广印散诸民。若农作动时，不得无故饮食，失误生计。一、每丁周岁须要创栽桑枣二十株，或附宅栽种地桑二十株，早供蚁蚕食用。其地不宜栽桑枣，各随地土所宜，栽种榆柳等树亦及二十株。若欲栽种杂果者，每丁限种十株，皆以生成为定数，自愿多栽者听。若本主地内栽种已满，丧无余地可栽者，或有病别丁数在此。若有上年已栽桑果数目，另行具报，却不得蒙昧报充次年数目。或有死损，从实申说本处官司，申报不实者，并行责罚。仍仰随社布种苜蓿，初年不须割刈，次年收到种子，转展分散，务要广种，非止喂养头匹，亦可接济饥年。一、随路皆以水利。有渠已开而水利未尽其地者，有全未曾开种之地，并劫可挑撅者，委本处正官一员选知水利人员一同相视。中间别无违碍，许民量力开引，如民力不能者，申覆上司，差提举河渠官相验过，官司添力开挑。外据安置水碾磨去处，如遇浇田时月停住碾，浇溉田禾，若是水田浇毕，方许碾磨。依旧引水用度，务要各得其用，虽有河渠泉脉，如是地形高阜，不能开引者，仰成造水车。官为应付人匠，验地里远近、人户多少，分置使用，富家能自置材木者，令自置，如贫无材木，官为买给，已后收成之日，验使水之家均补还官。若有不知造水车去处，仰申覆上司，开样成造。所据运盐、运粮河道，仰各路从长讲究可否申覆，合于部分定夺，利国、便民两不相妨。一、近水之家许凿池养鱼并鹅鸭之类，及栽种莲、藕、鸡头、菱角、蒲苇等以助衣食。如本主无力栽种，召人依例种佃，无致闲歇无用。据所出物色，如遇货卖，有合税者，依例赴务投税。难同自来办河泊创立课程，以致人民不敢增修。一、本社内遇有病患凶丧之家，不能种莳者，仰令社众各备粮饭器具，并力耕种。锄治收刈，俱要依时办集，无致荒废。其养蚕者亦如之。一社之中灾病多者，两社并锄。外据社众使用牛只若有倒伤，亦仰照依乡原例均助补买，比及补买以来并力助工，如有余剩牛只之家，令社众两和租赁。一、应有荒地除军马营盘草地已经上司拨定边界者并公田外，其余投下探马赤官豪势要之自行占冒，年深岁荒闲地土，从本处官司勘当得实，打量见数给付附近无地之家耕种为主，先给贫民，次及余户。如有争差，申覆上司定夺。外据祖业或立契买到地土，近年消乏时暂荒闲者，督勒本主立限开耕租佃，须要不致荒芜。若系自来地薄轮番歇种去处，即仰依例存留歇种地段，亦不得多余冒占。若有熟地失开，本主未耕荒地不及一顷者，不在此限。及督责早为开耕。一、每社立义仓，社长主之。如遇丰年收成去处，各家验口数，每口留粟一斗，若无粟，抵斗存留杂色物料，以备歉岁。就给各人自行食用，官司并不得拘检借贷动支，经过军马亦不得强行取要。社长明置文历，如欲聚集收顿，或各家顿放，听从民便。社长与社户从长商议，如法收贮，须要不致损害。如遇天灾凶岁不收去处，或本社内有不收之家，不在存留之限。一、本社若有勤务农桑、增置家产、孝友之人，从社长保申，官司体究得实，申覆上司，量加优恤。若社长与本处官司体究所保不实，亦行责罚。本处官司并不得将勤谨增置到物业添加差役。一、若有不务本业、游手好闲、不遵父母兄长教令、凶徒恶党之人，先从社长叮咛教训，如是不改，籍记姓名，候提点官到日，对社长审问是实，于门首大字粉壁书写'不务正业'、'游惰凶恶'等。如本人知耻改过，从社长保明申官，毁去粉壁。如是不改，但遇本社合著夫役替民，应当候能自新，方许除籍。一、今后每社设立学校一所，择通晓经书者为学师，于农隙时分，各令子弟入学，先读《孝经》《小学》，次及《大学》、《论》、《孟》、经史。务要各知孝悌忠信，效本抑末。依乡原例出办来修，自愿立长学者听。若积久学问有成者，申覆上司照验。一、若有虫蝗遗子去处，委各州县正官一员于十月内专一巡视本管地面。若在熟地，并力番耕。如在荒野，先行耕，国籍记地段，禁约诸人不得烧燃荒草，以免来春虫蛹生发时分，不分明夜，本处正官监视就草烧除。若是荒地窄狭，无草可烧去处，亦仰从长规划，春首捕除，仍仰更为多方用心，务要尽绝。若在煎盐草地内虫蛹遗子者，申部定夺。一、先降去询问条画，并行草去，止依今降条画施行。一、若有该载不尽农桑水利，于民有益，或可预防蝗旱灾咎者，各随方土所宜，量力施行，仍申覆上司照验。一、前项农桑水利等事，专委府、州、司、县长官，不妨本职，提点勾当。有事故差去，以次官提点。如或有违慢阻坏之人，取问是实，约量断罪。如有恃势不伏，或事重者，申覆上司穷治。其提点不得句集百姓，仍依时月下村提点，止许将引当该司吏一名、祗候人一二名，无得因多将人力，搔扰取受，据每县年终比附到各社长。农事成否等第，开申本管上司，却行开坐。所管州县提点官勾当成否，编类等第，申覆司农司及申户部照验，才候任满，于解由内分明开写，排年考较，到提点农事工勤惰废事迹，

赴部照勘，呈省。钦依见降圣旨，依附以为殿最，提刑按
察司更为体察。"

以元之社章较宋之乡约，则后者为平民之组织，前者为贵
族之团结；后者为普遍之方法，前者为局部之规约；后者多举
示实事，前者似务为空文；后者适合于人情，前者尚近于高调。
然其选立社长，未明定若何选举之法，与乡约之不言若何推举
约正、约副同也。保甲勤谨孝友之人，籍记不务本业、游手好
闲、不遵父母兄长教令之凶徒恶党，与乡约之籍记贤能规戒过
失同也。乡约不隶于官，社长则隶于官。然其为理董人民自身
之事，非以为对抗官吏行政之失，亦相同也。元之社章所谓不得
率领社众非理动作，即含有不得聚众抗官之意。余于此知吾国法制之
动机，无论由于官吏，或出于人民，然其原则要不外尚德而不
尚法，只知以民治民，而绝不知以民制官，以固君主国家所造成，
为今人所当矫正者。然亦可见今之驯谨之士，束身自好，不敢
一为平民鸣其不平者，其原因固甚久远。而凶徒恶党转得因新
法以自恣，至于乡里积怨丛怒而莫可如何，此尚德与尚法两种
主义所以必当调和融合者也。

元初劝农立社事理，条文详密，第亦未尽施行。据《元典
章》观之，大德初年，各地所立社长多有妇人、小儿、愚骏之
人，盖立法虽善，而奉行者视为具文，则其法意必至展转乖缪，
亦不独元代然也。

《元典章》："大德三年四月初六日，江西廉访司据龙
兴路牒，该奉行省札付准中书省咨，为设立社长事。先据

知事张登仕呈，近为体复灾伤到于各处，唤到社长人等，系妇人、小儿，问得该吏称说，自至元三十年定立社长，经今五年，多有逃亡事故，为此不曾申举到官，未经补替切详，设立社长，劝课农桑，使民知务本兴举学校，申明孝悌，使彝伦攸叙，纠斥凶顽，检察非违，使风俗归厚，皆非细务。今各处社长多不见年高德劭、通晓农事、为众信服之人，大失原立社长初意，乞施行得此合牒可照依都省咨文内事理，将年高通晓农事之人立设社长，并不得差占别管余事，一切教本社人民务勤农业，不致惰废，仍免本身杂役，毋得以前设立，不应并别行差占，致误农事，将立定社长姓名牒司。

又：大德六年正月□日，江西湖东道肃政廉访司承奉御史台札付，准御史台咨，承奉中书省札付，翰林院侍讲学士王中顺呈，奉省札付，前来赈济淮东被风潮灾伤人户。当时行省刘左丞、御史台所委官淮东廉访司张签事分头前去各州县审复赈散三个月粮米，今已俱还扬州，攒造文册，候毕另呈。外缘卑职原分通州一州，靖海、海门两县，最极东边，下乡其间，见有句集人编排引审次序，支请尽系社长居前，里正不预，多有年小愚骇之人，草屦赤胫，言语唧唧。怪而问之州县官员，同辞而对：目今诸处通例如此。卑职照得初立社长根源，钦奉世祖皇帝圣旨，系画节该诸州县所集村疃，凡五十家为一社，不拘是何诸色人等。并行入社，令社众推举年高谙知农事者为社长，不得差占别管余事。又照得钦奉圣旨，随处百姓有按察司，有达鲁花赤管民官、社长，以彰德益都，两处一般歹贼，每呵他管什么，已后似那般有呵，本处达鲁花赤管民官、社长身上要罪过者。钦此。切详按察司、达鲁花赤管民官下便列社长，责任非轻。当时又立学师，每社农隙教诲子弟孝悌忠信、勤身肥家、迁善远罪。故孟子凡言王政，必以农桑、庠序为先。国家所行摘此二事，就委按察、廉访官劝课农桑，勉效学校，亦此意也。社长、社师外似迂缓，中实紧切，况兼《至元新格》内一款：节该社长近年多以差科干扰，今后催督办集，自有里正主首，使专劝农，官司妨废者，从肃政廉访司纠弹。社内有游荡好闲、不务生理，累劝不改者，社长对众举明量示惩劝，其年小德薄、不为众人信服，即听推举易换。诸假托神灵，夜聚明散，凡有司禁治事理，社长每季须戒谕，使民知畏，毋陷刑宪。累奉如此，卑职伏思自中统建元迄于今日，良法美意莫不毕备，但有司奉行不至，事久弊生。社长则别管余事，社司则废弃不举，以至如逆贼段丑厮辈贯穿数州，恣行煽惑，无人盘诘，皆二事废堕失其原行之所致也。斯乃赈济丁乡亲所见，愚意以为，合行申明旧例，令社长依前劝课农桑、诫饬游荡、防察奸非，不管余事，则百姓富。社师依前农隙阐学，教以人伦，不敢犯上，则刑清民富。刑清为治治本，所见如此。"（下略）

元制既敝，明代沿其设立社长之意而变通之。有耆宿老人、耆民公正等称，备官吏之诹咨、理乡邻之诉讼、

《明会典》卷九："吏部验封司关给须知。高皇帝御制《到

任须知》冠以敕谕，令凡除授官员皆于吏部关领，赴任务一一遵行，毋得视为文具。《到任须知》一，目录廿二耆宿：耆宿几何？贤否若干各开。设耆宿，以其年高有德，谙知土俗，习闻典故。凡民之疾苦、事之易难，皆可访问。但中间多有年纪虽高，德行实缺，买求耆宿名色，交结官府，或蔽自己差徭，或说他人方便，蠹政害民。故到任之初，必先知其贤否，明注姓名，则善者知所劝，恶者知所戒，自不敢作前弊矣。"

《日知录》："今代县门之前多有榜曰：'诬告加三等，越诉笞五十。'此先朝之旧制，亦古者悬法象魏之遗意也。今人谓不经县官而上诉司府谓之'越诉'，是不然。《太祖实录》：洪武二十七年四月壬午，命有司择民间高年老人，公正可任事者，理其乡之词讼。若户婚、田宅斗殴者，则会里胥决之。事涉重者，始白于官。若不由里老处分而径诉县官，此之谓'越诉'也。今州县或谓之耆民，或谓之公正，或谓之约长，与庶人在官者无异。"

劝督农桑、

《明会典》卷十七户部农桑："洪武二十一年，令河南、山东农民中有等懒惰不肯勤务农业，朝廷已尝差人督并耕种，今出号令，此后只是各该里分老人勤督。每村置鼓一面，凡遇农种时月，五更擂鼓，众人闻鼓下田，该管老人点闸。若有懒惰不下田者，许老人责决，务要严切督并见丁著业，毋容情夫游食。若是老人不肯勤督，农民穷窘为非，犯法到官，本乡老人有罪。"

旌别善恶、

《日知录》注："宣德七年正月乙酉，陕西按察佥事林时言：洪武中，天下邑里皆置申明、旌善二亭，民有善恶则书之，以示劝惩。凡户婚、田土斗殴常事，里老于此剖决。今亭宇多废，善恶不书，小事不由里老，辄赴上司，狱讼之繁皆由于此。景泰四年诏书犹曰：'民有怠惰不务生理者，许里老依教民榜例惩治。'天顺八年三月，诏军民之家有为盗贼，曾经问断不改者，有司即大书'盗贼之家'四字于其门，能改过者许里老亲邻人相保管，方与除之。此亦古者画衣冠、异章服之遗意。"

兴贤举能、

《明会典》卷十三吏部访举："洪武十七年，令知州、知县等官会同境内耆宿长者，访求德行声名著于州里之人。先从邻里保举，有司再验言貌、书判，方许进呈。若不行公同精选者，坐以重罪。"

饮酒读法。

《明会要·乡饮酒礼》："洪武五年四月戊戌，诏天下行乡饮酒礼。每岁孟春、孟冬，有司与学官率士大夫之老者行于学校、民间里社。以百家为一会，或粮长、里长主之。年最长者为正宾，余以齿序，每季行之，读律令则以刑部所编申明戒谕书兼读之。"

《明会典》卷二十读法："洪武廿六年令，凡民间须要讲读《大诰》、律令、敕谕老人手榜，及见丁著业牌面，沿门轮递，务要通晓法意。仍仰有司时加提督。嘉靖八年，题准每州县村落为会。每月朔日，社首、社正率一会之人，捧读圣祖教民榜文，申致警戒。有抗拒者，重则告官，轻则罚米入义仓，以备赈济。"

观其条教，盖亦远本《周官》，近则蒙古。乡各为治，惟德是崇。然所谓设耆宿、择老人者，仍似出于州县官之指派，较元之有明文令社家推举社长者，大相径庭。且耆宿老人之职务，亦无详细规定，惟视诏令所颁为准。以今日法治思想绳之，益可斥其专制矣。然观《到任须知》，明云耆宿中间多有年纪虽高，德行实缺，买求耆宿名色，交结官府，或蔽自己差徭，或说他人方便。足知明祖洞悉乡民情伪，予以事权，先务杜其弊窦，不似今人甘受法制之桎梏，绝不从乡里小人卑劣行为著想也。居今日而视元、明民法之浇讹，不第无所减损，其进步且有什伯千万于数百年前者。无端袭取西法，遽信其集么匿为拓都，即无所用其防制，此非梦呓语耶？明制，授权于里老而监督以有司，滥用匪人，至并州县官皆置诸法，而官民勾结朋比之弊，又因以生。盖法制之得失，全视人之运用若何，长厚者因以通上下之情，巧黠者缘以为比周之利。法一也，而出入天渊焉，此讲法制者所必不可忘之经验也。

《日知录》："洪熙元年七月丙申，巡按四川监察御史何文渊言：太祖高皇帝令天下州县设立老人，必选年高有德、众所信服者，使劝民为善，乡间争讼亦使理断。下有益于民事，上有助于官司。比年所用，多非其人，或出自隶仆，规避差科，县官不究年德如何，辄令充应，使得凭藉官府，妄张威福，肆虐闾阎，或遇上司官按临，巧进谗言，变乱黑白，挟制官吏。比有犯者，谨已按问如律。窃虑天下州县类有此等，请加禁约。上命申明洪武旧制，有滥用匪人者并州县官皆置诸法。然自是里老之选轻而权亦替矣。《英宗实录》言，松江知府赵豫和昌近民，凡有词讼，属老人之公正者剖断，有忿争不已者则己为之和解，故民以老人目之，当时称为良吏。正统以后，里老往往保留令丞，朝廷因而许之，尤为弊政。见于景泰三年十月庚戌太仆寺少卿黄仕扬所奏。"

明之耆宿老人，近于下级司法官吏，无与于乡里组织。其乡里组织，别有坊长、厢长、里长等职，以任徭役，并编制户籍。

《明史·食货志》："洪武十四年，诏天下编赋役黄册。以一百十户为一里，推丁粮多者十户为长，余百户为十甲，甲凡十人岁役。里长一人、甲首一人董一里、一甲之事。先后以丁粮多寡为序，凡十年一周，曰'排年'，在城曰坊，近城曰厢，乡都曰里。里编为册，册首总为一图，鳏寡孤独不任役者附十甲后，为畸零。僧道给度牒有田者编册如民科，无田者亦为畸零。每十年有司更定其册，以丁粮增减而升降之。册凡四，一上户部，其三则布政司、府、县各存一焉。上户部者册面黄纸，故谓之'黄册'。"

《明会典》卷二十户口："洪武二十四年奏准攒造黄册格式，有司先将一户定式誊刻印板给与坊长、厢长、里长并各甲首，令人户自将本户人丁事产依式开写，付该管甲首。其甲首将本户并十户造到文册送各该坊、厢、里长。坊、厢、里长各将甲首所造文册攒造一处，送赴本县。本县官吏将册比照先次原造黄册查算。所在有司官吏、里甲敢有团局造册，科敛害民，或将各处写到如式无差文册故行改抹，刁蹬不收者，许老人指实，连册绑缚害民吏典赴京具奏，犯人处斩。若顽民妆诬排陷者，抵罪。若官吏、里甲通同人户隐瞒作弊，及将原报在官田地不行明白推收过割，一概影射减除粮额者，一体处死，隐瞒人户家长处死，人口迁发化外。"

其任收税运粮之职者，复有粮长。

《日知录》："明初以大户为粮长掌其乡之赋税，多或至十余万石，运粮至京，得朝见天子，或以人材授官。"

务民之义，各有专责。然法久弊滋，动失初意。

《明史·食货志》："其后，黄册只具文，有司征税编徭则自为一册曰'白册'云。"

又："成弘以前，里甲催征，粮户上纳，粮长收解，州县监收。粮长不敢多收斛面，粮户不敢掺杂水谷糠秕，兑粮官军不敢阻难多索，公私两便。近者指嘉靖中。有司不复比较经催里甲、负粮人户，但立限敲扑粮长，令下乡追征。豪强者则大斛倍收，多方索取，所至鸡犬为空；孱弱者为势豪所凌，耽延欺赖，不免变产补纳。至或旧役侵欠，责偿新佥，一人逋负，株连亲属，无辜之民死于箠楚图圄者几数百人。且往时每区粮长不过正、副二名，近多至十人以上，其实收掌管粮之数少，而科敛打点使用年例之数多。州县一年之间，辄破中人百家之产，害莫大焉。"

《日知录》："宣德五年闰十二月南京监察御史李安及江西庐陵、吉水二县耆民，六年四月监察御史张政各言粮长之害，谓其倍收粮石，准折子女，包揽词讼，把持官府，累经饬禁而其患少息。"

盖官之不德者半。民之不德者亦半，废弛侵渔，惟徇其便。人与法之不可尽恃，皆以道德为转移之枢也。

有明中业，民治之精神及形式，殆皆沦丧，所恃以支柱敝漏者，惟官治耳。阳明大儒，挺生斯时，倡导民德，为术滋夥。其抚南赣，先以十家牌法为清乡之本，

《王文成全书》卷十六《十家牌法告谕各府父老兄弟》："本院奉命巡抚是方，惟欲翦除盗贼，安养小民。所限才力短浅，智虑不及，虽挟爱民之心，未有爱民之政。父老子弟凡可以匡我之不逮，苟有益于民者，皆有以告我，我

当商度其可，以次举行。今为此牌，似亦烦劳尔众，中间固多诗书礼义之家，吾亦岂忍以狡诈待尔良民。便欲防奸革弊，以保安尔良善，则又不得不然，父老子弟其体此意。自今各家务要父慈子孝，兄爱弟敬，夫和妇随，长直幼顺，小心以奉官法，勤谨以办国课，恭俭以守家业，谦和以处乡里。心要平恕，毋得轻意忿争，事要含忍，毋得辄兴词讼，见善互相劝勉，有恶互相惩戒，务兴礼让之风，以成敦厚之俗。吾愧德政未敷，而徒以言教，父老子弟其勉体吾意毋忽。"

继以乡约为新民之基。

《王文成全书》卷十七《南赣乡约》："咨尔民，昔人有言'蓬生麻中，不扶而直；白沙在泥，不染而黑。'民俗之善恶，岂不由于积习使然哉？往者新民，盖尝弃其宗族，畔其乡里，四出而为暴，岂独其性之异、其人之罪哉？亦由我有司治之无道、教之无方。尔父老子弟所以训诲戒饬于豪庭者，不早熏陶，渐染于里闾者，无素诱掖奖，劝之不行，连属叶和之无具，又或愤怨相激，狡伪相残，故遂使之靡然，日流于恶。则我有司与尔父老子弟，皆宜分受其责。呜呼！往者不可及，来者犹可追。故今特为乡约，以协和尔民。自今凡尔同约之民，皆宜孝尔父母，敬尔兄长，教训尔子孙，和顺尔乡里，死丧相助，患难相恤，善相劝勉，恶相告戒，息讼罢争，讲信修睦，务为良善之民，共成仁厚之俗。呜呼！人虽至愚，责人则明，虽有聪明，责己则昏。尔等父老子弟毋念新民之旧恶而不与其善，彼一念而善即善人矣，毋自恃为良民而不修其身，尔一念而恶即恶人矣。人善恶由于一念之间，尔等慎思，吾言毋忽。一、同约中推年高有德、为众所敬服者一人为约长，二人为约副，又推公直果断者四人为约正，通达明察者四人为约史，精健廉干者四人为知约，礼仪习熟者二人为约赞。置文簿三扇，其一扇备写同约姓名及日逐出入所。为知约司之；其二扇，一书彰善，一书纠过，约长司之。一、同约之人，每一会人出银三分，送知约具饮食，毋大奢，取免饥渴而已。一、会期以月之望，若有疾病、事故不及赴者，许先期遣人告知约，无故不赴者以过恶书，仍罚银一两公用。一、立约所于道里均平之处，择寺观宽大者为之。一、彰善者其辞显而决，纠过者其辞隐而婉，亦忠厚之道也。如有人不弟，毋直曰不弟，但云闻某于事兄敬长之礼颇有未尽，某未敢以为信，姑书之以俟。凡纠过恶皆例此。若有难改之恶，且勿纠，使无所容，或激而遂肆其恶矣。约长副等须先期阴与之言，使当自首，众共诱掖奖劝之，以兴其善念，姑使书之，使其可改。若不能改，然后纠而书之。又不能改，然后白之官。又不能改，同约之人执送官，明正其罪。势不能执，戮力协谋官府，请兵灭之。一、通约之人，凡有危疑难处之事，皆须约长会同约之人与之裁处，区画必当于理、济于事而后已。不得坐视推托，陷人于恶，罪坐约长、约正诸人。一、寄庄人户多于纳粮当差之时，躲回原籍，往往负累同甲。今后约长等劝令及期完纳应承，如蹈前弊，告官惩治，削去寄庄。一、本地大户、异境客商放债收息，合依常例，毋得磊算。或有贫难不能偿者，亦宜以理量宽。有等不仁之徒，辄便捉锁，磊取挟写田地，致令穷民无告，去之而为盗。今后有此，告诸约长等，与之明白，偿不及数者，劝令宽舍，取已过数者，力与追还。如或恃强不听，率同约之人鸣之官司。一、亲族乡邻，往往有因小忿投贼复仇，残害良善，酿成大患。今后一应斗殴不平之事，鸣之约长等公论是非，或约长闻之，即与晓谕解释。敢有仍前妄为者，率诸同约呈官诛殄。一、军民人等若有阳为良善，阴通贼情，贩买牛马，走传消息，归利一己，殃及万民者，约长等率同约诸人指实劝戒，不悛呈官究治。一、吏书、义民、总甲、里老、百长、弓兵、机快人等若揽差下乡，索求赍发者，约长率同呈官追究。一、各寨居民昔被新民之害，诚不忍言，但今既许其自新，所占田产已令退还，毋得再怀前仇，致扰地方。约长等常宜晓谕，令各守本分，有不听者，呈官治罪。一、投招新民，因尔一念之善，贷尔之罪，当痛自克责，改过自新，勤耕勤织，平买平卖，思同良民，无以前日名目甘心下流，自取灭绝。约长等各宜时时提撕晓谕，如踵前非者，呈官惩治。一、男女长成，各宜及时嫁娶。往往女家责聘礼不充，男家责嫁妆不丰，遂致愆期。约长等其各省谕诸人，自今其称家之有无，随时婚嫁。一、父母丧亡，衣衾棺椁但尽诚孝，称家有无而行。此外或大作佛事，或盛设宴乐，倾家费财，俱于死者无益。约长等其各省谕约内之人，一遵礼制，有仍蹈前非者，即与纠恶簿内书以不孝。一、当会前一日，知约预于约所洒扫张具，于堂设告谕牌及香案南向。

当会日同约毕至，约赞鸣鼓三，众皆诣香案前序立，北面跪听约正读告谕毕，约长合众扬言曰：'自今以后，凡我同约之人，祇奉戒谕，齐心合德，同归于善。若有二三其心，阳善阴恶者，神明诛殛。'众皆曰：'若有二三其心，阳善阴恶者，神明诛殛。'皆再拜，兴，以次出会所，分东西立，约正读乡约毕，大声曰：'凡我同盟，务遵乡约。'众皆曰：'是。'乃东西交拜，兴，各以次就位。少者各酌酒于长者，三行，知约起设彰善位于堂上南向，置笔砚陈彰善簿，约赞鸣鼓三，众皆起。约赞唱请举善，众曰：'是在约史。'约史出就彰善位，扬言曰：'某有某善，某能改某过，请书之，以为同约劝。'约正遍质于众曰：'如何？'众曰：'约史举甚当。'约正乃揖善者进彰善位，东西立，约史复谓众曰：'某所举止是，请各举所知。'众有所知即举，无则曰：'约史所举是矣。'约长副正皆出就彰善位。约史书簿毕，约长举杯扬言曰：'某能为某善，某能改某过，是能修其身也。某能使某族人为某善，改某过，是能齐其家也。使人人若此，风俗未有不厚。凡我同约，当取以为法。'遂属于其善者，善者亦酌酒酬约长曰：'此岂足为善，乃劳长者过奖。某诚惶怍，敢不益加砥砺，期无负长者之教。'皆饮毕，再拜谢约长，约长答拜，兴，各就位，知约撤彰善之席，酒复三行，知约起，设纠过位于阶下北向，置笔砚，陈纠过簿。约赞鸣鼓三，众皆起，约赞唱请纠过，众曰：'是在约史。'约史就纠过位，扬言曰：'闻某有某过，未敢以为然，姑书之以俟后图，如何。'约正遍质于众，曰：'如何？'众皆曰：'约史必有见。'约正乃揖过者出就纠过位，北向立。约史复遍谓众曰:'某所闻止是,请各言所闻。'众有所闻即言,无则曰:'约史所闻是矣。'于是约长副正皆出纠过位,东西立,约史书簿毕,约长谓过者曰:'虽然,姑无行罚,惟速改。'过者跪请曰:'某敢不服罪。'自起酌酒,跪而饮曰:'敢不速改,重为长者忧。'约正副史皆曰:'某等不能早劝谕,使子陷于此,亦安得无罪?'皆酌自罚。过者复跪为请曰:'某既知罪,长者又自以为罚,某敢不即就戮。若许其得以自改,则请长者无饮,某之幸也。'趋后酌酒自罚,约正副成曰:'子能勇于受责如此,是能迁于善也,某等亦可免于罪矣。'乃释爵,过者再拜,约长揖之,兴,各就位。知约撤纠过席,酒复二行,遂饭。饭毕,约赞起鸣鼓三,唱申戒,众起,约正中堂立,扬言曰:'呜呼!凡我同约之人,明听申戒。人孰无善,亦孰无恶,为善虽人不知,积之既久,自然善积而不可掩,为恶若不知改,积之既久,必至恶积而不可赦。今有善而为人所彰,固可喜,苟遂以为善而自恃,将日入于恶矣;有恶而为人所纠,固可愧,苟能悔其恶而自改,将日进于善矣。然则今日之善者,未可自恃以为善,而今日之恶者,亦岂遂终于恶哉?凡我同约之人,盍共勉之。'众皆曰:'敢不勉!'乃出席,以次东西序立,交拜,兴,遂退。"

虽其后之效果未知若何,要可以见明儒对于民人合群集社之方法之思想。就其条文性质,较之吕、朱乡约,则吕、朱所言仅为通常乡里之人而发,阳明所指则为南赣特别待理之区。故吕、朱只重在淑身,而阳明则重在弭乱;朱约行礼先谒圣,王约立誓先奉神；吕约颇尚通财，王约惟严通贼。以是知儒者思想虽号迂阔，要必准情酌势，以祈因地制宜，初不肯执一概万，削足适屦。今之朝订一法，暮成一规者，大抵出自学校讲义、各国成书，绝未实察国情，观其通变。至于集会通议，则又强令乌合之众，循行数墨，决之指臂屈伸之间。党派方隅，意见杂出，潦草成编，唐为文具而已。呜呼！

吕、朱、阳明所立乡约。各有不同，而所同者曰书籍记过。朱约以默观过籍为法，王约则昌言于众且令酌酒自罚。以常情论之，此必不可行者也，然今之集众议事者互讦于党，喧争于座，相殴于大庭，群曳于衢路，旁听者战指，警卫者目笑，腾谤报章，稔恶专电，盖几于数见不鲜矣。所少者，一切议会之法规无自绳其过恶之明文耳，无此明文，即自居为神圣，虽为天下人鄙贱斥辱，比之畜类，亦可掩耳盗铃。行所无事则立一法，曰与议者有过必相责、必自讼，于议者之价值无若何贬损也？岂独无贬损，正可以养其廉耻，使先有所顾忌而不敢为非。盖养成高尚之风气，则虽薄罚，而亦不啻大辱也。夫以怙恶自恣者之心理，虽加以毒詈痛挞，犹必出死力强辩而不甘自承，此岂约史一书遂能使之蹵然内讼者？然人心之良，古今未必相远，苟群出于至诚恻怛之忱，谓若之过为众所愿分而不幸使若独尸其咎，是感化非惩戒，未始不可化莠为良也。

乡约之法，明季犹有行者，观陆桴亭《治乡三约序》可见。

　　陆世仪《治乡三约序》：乡约也、社学也、保甲也、社仓也，四者之名，人莫不知，四者之事，人莫不行。四者之中，乡约为纲而虚，社学、保甲、社仓为目而实。今之行四法者，虚者实之，实者虚之，纲者目之，目者纲之。此其所以孳孳矻矻而终不能坐底三代之法也。此序于作崇祯庚辰，故知明季各地犹行乡约之法。

桴亭悯其敝，根据《周官》，参酌吕、朱、阳明乡约之意，分教、恤、保三约，以备立法者之采择。明清之交，巨儒宿学论治之书虽多，未有及之者也。世徒盛称《明夷待访录》及颜、李之书，以为能识治本，兼与西方政教原理相合。独未有举桴亭之书，以明中国儒者研究乡治之法制者，洵可谓弃周鼎而宝康瓠矣。谨为表之，以殿吾文。

陆世仪《治乡三约》

治乡之法：每乡约正一人。《周礼》：国中称乡遂，野外称都鄙。今制，城中为坊铺，城外称都图，即《周礼》遗意也，然可通谓之乡。乡无长不可治，今拟每乡立约正一人，城以坊铺、乡以都图为分域，以本乡中廉平公正宿儒耆老为之，凭一乡之公举。凡举约正，不可概凭里甲开报，须细心采访。每乡多举三四人，精加选择，誓于神、诏于众，隆其礼貌，优其廪给，委之心膂而用之。宁择而后用，毋用而后择。

约正之职，掌治乡之三约：一曰教约以训乡民，一曰恤约以惠乡民，一曰保约以卫乡民。教约即社学之意，恤约即社仓之意，保约即保甲之意。以其总统于乡约，故谓之约。训之惠之，又从而卫之，教养之义尽，兵食之备修矣。

以一乡之籍，周知一乡之事。教长有户口、秀民之籍，恤长有常平、役米之籍，保长有役民之籍。以教长之籍知教事，以恤长之籍知恤事，以保长之籍知保事。据此，皆耆民之任，既设约正，则此皆约正之责，不必另设耆民矣，或即以耆民为约止亦通。

岁时月吉，率其属而治会。会乡约之会也，岁时正月及春、秋二社为大会，约正率三长听讲约于官府。其余月朔，约正自率其属于本乡宽大处所为之。

教民读法饮射。讲约从来止讲太祖圣谕，亦言习久生玩，宜将《大诰》、律令及孝顺事实与浅近格言等书，令社师逐次讲演，庶耳目常易，乐于听闻，触处警心，回邪不作。其习射则视土地之宜，北方弓矢易办，南方卑湿，筋角易弛，又价高，难概以强人。其有绅衿子弟能制弓矢者，听自为社，其余乡勇、役民，令习弓弩，亦可。然其价值，亦须于恤长公费中给之。

考其德行而劝之，纠其过恶而诫之。德行如孝友、睦姻、任恤之类，反是谓过恶。劝诫，谓有小善、小过则于会中对众而称奖、训诫之也。其有大善、大过，则闻于官府，或于大会时行赏罚。

凡公事，官府下于约正，约正会三长议而行之。公事，谓钱粮户役、地方公事。

凡民事，亦上于约正而行官府。民事亦公事也。

民有质讼，大事决于官府，小事则官府下于约正，约正与教长平之。民间之讼，官府理之则愈棼，平之则竟息者也。尝见民间有一小讼，经历十数衙门而所断仍枉，两造倾家，又是朝廷所设问刑衙门较别衙门为多，而天下未尝无冤民。且朝廷所设之官无非日逐为民间理讼事，而军

国大事则多付之不问，此皆相逐以利耳，非真为天下理冤抑也。我明开国之初，每州县设立申明亭，坐老人于中，断乡曲之事。其法甚佳，盖真见终讼无益，而欲使民无讼耳。处以约正，亦老人之意也。与教长共平之者，终欲教诲之不底于法也。

凡乡之土田出入，谨其推收，掌其税事。土田有买卖则有推收，有推收则有税事，此一定之法也。今民间岁一推收，每至秋冬过户，太迟催办不便则民病，或作假契，或贿吏书，彼此扶同，希漏国税，则官病。今法，凡买卖田产者，彼此俱要书该约正长名氏，取其花押，无者不准买卖，其中金即分其半以为约正长养廉之资。既立契后，即行推收过户，使民间无产去粮存之弊；既推收后，即完官税。使国家无漏税之虞，诚两便之法也。

凡乡之民事，年终一上于官府。民事，谓图籍之类。三约之籍，三长任其劳，约正主其册，存其副而上其正于官府，所以赞治也。

官府受而藏之，以周知各乡之事。天子岂能周知天下之事？赖天下之有民牧，民牧岂能周知各乡之事？赖各乡之有乡正。此有国家者所买乎相助为理也。

凡三长之能否皆书之，岁终则庀其职事，以赞于官府。凡民之善否，三长书之，三长之能否，约正书之。职详职要各有其司也，谓之曰赞。其三长之黜陟，又非约正所得专矣。

约副三人，一曰教长，以任教约；一曰恤长，以任恤约；一曰保长，以任保约。教长以知书义者为之，恤长以富厚公廉者为之，保长以有智力者为之，皆听约正及一乡之人公举。

教长之职，掌一乡之教事。教孝、教友、教睦、教姻、教任、教恤。

主户口、秀民之籍，主谓主其造册、登记之事也。籍成则进于约正，约正受而藏之。职藏者不得记注，职记注者不得藏。

令民十家为联，联有首；十联为社，社有师。此即《周礼》比闾族党之制也。联首以诚实者为之，社师以学究知书者为之，皆听约正同教长编举。其编联之法，官以册式下于约正，约正下于教长，教长下于社师，联首乃率编户之民就社师而实书其户口之数以进于教长，教长进于约正，约正同教长核实而藏之，上其副于官府，官府据之以为定籍。编联之法不得一字排去，须对面为佳，并联首为十一户，十联并社师为一百一十户。其有地势民居不联络者，不妨奇零开载，不必拘之十数为一联。约正主裁，其有寺院庵观亦须开载。户口之数，最不可不实，此王政之本，致治之源也。施政教、兴礼乐、治赋役、听狱讼、简师徒、行赈贷，万事皆根本于此。与今保甲之法略同，但保甲主于诘奸，民望而畏之，则多方规避脱漏。今立联社之法主于行教化天下，而可有一人自外于教化者乎？故户口之籍，最要详细确实。其有脱漏作奸者，本户及联首、社师同罪，甚者罪教长并及约正。有国者能于此细心致力，则治民之道且过半矣。虽然，有虑焉。使长民者而得其人，则此法行如明道之治扶沟，无一民一物不入其照鉴者也。不然，吕惠卿之手实法亦去此不远矣。

使之相爱相和亲，有罪，奇邪则相及。此即《周礼》之文。相爱相和亲，孝友、睦姻、任恤之事也。相及即连坐之意。然法有当连坐，不当连坐者，如盗贼奸恶，知情不举之类，此当连坐者也；其余隐微之罪，作者自应独承，若概连坐，则同秦法。

以教法颁四境之社师，而俾教其童蒙。此即社学之法也，所以端其蒙养，使之习与性成，而后无不可教之民。人人亲其亲，长其长，而天下平也。社学旧有定制，不过使之歌诗习礼，以和平其心，知血气而已。今则多教之作文，诱之考试，徒长奔竞，益坏风俗。愚谓文胜之时，教童子者当教以朴，使人心留一分淳古，则世道受一分便益。宜令童子凡读书、写字，但从所便各自择师外，惟于每月朔望赴本社。社师处择宽大处所歌诗习礼先圣先贤，其有声容端好威仪闲习者注善，有举止疏忽跳踉不驯者注过。习礼既毕，教长即以孝友睦姻任恤之道，约举放事，随宜讲导。遇讲约大会，则社师各举其善者进之于会所，官府试其善否而记注之。盖歌诗习礼虽若迂阔，然童子无事，无善过可考，一试之声容，则其人材之能否、心气之平躁，可以立见，勿谓古人礼乐为糟粕，亦后人未识其精意耳。

凡乡之冠、昏、饮酒、祭祀、丧纪，教其礼事，掌其禁戒。此皆齐之以礼之事也。冠、昏、丧祭有《文公家礼》诸书，斟酌而行之可耳。

及期将试，则书其秀而升之于官。凡户口术业，前册明载，则凡民之秀为上者已知之矣。此复录而进之，便于览也。其教长所书名字，有不合于前册者则罪之。

凡乡之地域广东西轮南北及沟涂、封洫皆图之。地图与鱼鳞册向以属之画工及耆正、里区。今既有约正、三长，则此为正长之任矣。必属之教长者，以教长知书而能文墨也。地图险易，所以慎固封守；鱼鳞图册所以分田制赋，皆为国要事。而今之长民者率视为缓局，即有知其为要而行之无法，督之太骤，地图则疏脱不准，图册则作奸滋弊。宜用张子厚经界法，每三百步立一标杆，纵横四方，成一井字，如今地图之画方，计里以绳约之。图其四至，散之则各成方形，合之则横斜、曲直不失尺寸，不特地形有准，而每方之中，步口一定，则田亩之数有不待丈量而分毫难遁者。此真至简至妙之良法也，细琐不能尽述，详具于《思辨录》中。

凡质讼，联首社师辨其诚伪而司其责。凡小民质讼，必命书某乡、某社、某联第几户某人，仍告于联首、社师及四邻。必实有不平始令之讼，如虚伪，则联社俱有罚。其证佐非必不可少者，毋得越四邻。

岁时月吉则佐约正读法于会，振铎以令之，扬其夏楚而威之，辨其美恶为登之籍。讲约既毕，约正进父老而问之，参稽众说以定美恶劝罚，教长承命而书之，以授于约正。凡劝罚量以银米布帛之类，听约正临事酌之可也。

恤长之职，业一乡之恤事。凡周贫乏、恤死丧皆是。

主常平义仓粟米出入之籍，常平义仓各为一籍，籍成，进于约正，与教长同。

令民岁为常平置义仓，以供公事。常平之法，迹似社仓，寄之于高大寺院，恤长司其事，领于约正。地方官长亲至寺中作兴开导，或量助俸银以为之倡。恤长设立簿籍，劝募本乡绅衿、富户、商家，出米多少一惟其愿，其米俟秋收米价平时听人先后进仓。进仓时即面同书之于籍，其下注明当时米价若干，盖早晚之间价色有不齐也。俟明岁五六月间青黄不接，米价或长，则恤长闻于官府，请官府及本乡中好义乐善诸人齐集寺中，设法赈粜。其法视时价不宜太减，太减则奸民乘之而射利矣。粜毕后合算米价，共得多少，还其原本，再俟秋收另行劝募。以常平为母，以义仓为子。凡常平有余息则入子仓，其外或一乡之中有得罪而愿出粟以赎者，有愿助为公田以济物者，亦设一处公所公同收储，监以恤长，领于约正。俟有公用，则闻于官府，酌而用之。

凡有鳏寡孤独，则闻于官府而养之，国家向设养济院，专为此四者，今恤孤粮是也。此项粮米向为大户吏书侵没，即略有给发又大半蠹于强乞，官府能清厘而整顿之，不必烦恤长也。但本乡之中有此等人，官府不知，须恤长开报。约正核实闻于官府，然后可以入院。

岁荒则设粥赈济。此不常有之事，偶一有之，则恤长之职也。设粥赈济，向苦无管领之人，每县止设一二处则弊多而法坏矣。今既每乡有恤长，则一乡止食一乡之人，清楚易办，其有流民就食者，则官府另为设法，或分食于各乡，亦至便也。

夏秋米贵，则以余米给役民之食。余米即义仓中所储，给役民法见保长条下。

岁时月吉，则佐约正读法于会，会其出入之数，验其贫寡之实而登之籍。出入，常平义仓之出入也。贫寡，役民及鳏独之类。会谓总结一月之事。

保长之职，掌一乡之保事。凡水火盗贼之属。

主役民之籍。役民，谓一乡之贫而可役者。籍成则进于约正，与恤长同。

令民五人为伍，伍有夫五，伍为队，队有士。凡乡之土功，皆率其属而致事。土功，谓如筑城、浚堤、修葺廨宇之类。

农功之隙，以时兴修水利，则庀其畚锸以听于官。兴修水利，地方之要务也。古者或因之而置开江军士，亦以其早晚呼集之易至，约束之易齐耳，然总不如役民之法之为得也。

暇则颁以射法，教之击刺，习之守御。射则统矢及弩，击刺则梃刃，守御则城操，皆有法则，皆宜训练。

国有大故，则率其属而授兵登埤，事毕而解。城操法另载别篇。凡盗贼水火之患皆司之。谓本乡之事也。

夏秋籴贵，则率其属而受廪于恤长。常平之法止可概之于民，若役民则国家之所役，无以惠之，不可使也。但每月给廪，力有不能，宜于五六七三月青黄不接米价涌贵之时，每人日给米一升，三月共给九斗。虽千人之众，每年不过千百，所费少而所养多，为可久也。其费出义仓，恤长主之。

凡乡之役事，皆与之饩廪而役之。其费总出义仓，不足则另为设处。

岁时月吉，则佐约正读法于会，比其劳逸而书之，辨其勇力以登于官府。比其劳逸，所以均其饩廪，辨其勇力，或为战士，或为官府之爪牙也。既登之后，役民数缺则仍补之。

凡乡之教事责教长，恤事责恤长，保事责保长，三长非其人责约正。约正之邪正，官府治之。一乡之中，凡联首、社师有不得其人者，皆须随时更易，不言之者，省文也。三长不称职，则于年终之时约正白于官府而请易。至于约正，则必俟岁终合一乡之公评而诛赏，不得数数废置也，此亦久任之意也。

自黄帝以至朱明，乡治之事迹理想具如右述。《周官》、《管子》以迄《元典章》、《明会典》皆尝实行，蓝田、阳明之乡约。实行于一地而未普及，晦翁、桴亭则纯乎理想。然覆而按之，文义有出入而宗旨则一贯，斯实吾国数千年政治之骊珠也。满清以异族入主中夏，读书者因文网之密，不谈政治，乡约保甲诸法，视明益敝。湘军以团练兴，徒为弋利猎爵计，不知自治其乡。于是古谊沦亡而欧美政术乃乘其隙而阑入，迄今虽吸取未尽，而流弊之甚已无可讳。夫国家者，地方之积也。地方不治而期国家之治，犹之骸骨腐朽而欲若人全体健康，此必不可能之事也。吾国治术在尚德，然民德之迤逦堕落，灼然可见，仅仅巨儒长德以其言论思想补救偏敝于万一，已不啻朽索之驭六马，至并此朽索而去之，纵其猖狂瞀乱，谓可以一新天下人之心志，是则吾所百思不得其解者也。吾尝谓今之形势，为一国执政易，为一乡领袖难。为一国执政不求彻底之改革，但为一时粉饰敷衍之计，此稍稍有才器者能之，为一乡领袖实行今之自治法规，而求其乡之隆隆日上，犹之蒸砂为饭，永不可熟。何则，一国之彻底改革，全在各个县乡之彻底改革，各个县乡之彻底改革，又在各个县乡之个人彻底改革，执今之议会法求之能得否乎？回心内向，人治其身，自有法在，然而非今所谓法也。

（《学衡》第十七、第二十一、第三十六期，一九二三年）

第二编　学术次第与主张

国学之界说

　　予对国学之界说，必非佛学及洋学，而一般人所讲之小学、音韵、甲骨、性理、辞章等等，皆不过国学之一部分。须从古先圣哲，未受佛学洋学之熏染时讲清，而又包括后来之汉学、宋学，以及今世所讲政治、经济、财政、社会、教育等，始可言国学。（录自一九五一年九月十九日《柳诒徵劬堂日记抄》）

　　曾符按：此为先生对南京龙蟠里国学图书馆员工之讲演内容。

（《柳诒徵说文化》）